アントニオ猪木＋佐山聡＋前田日明＋蝶野正洋＋天龍源一郎ほか

猪木伝説の真相

天才レスラーの生涯

宝島社

はじめに

タ ー ザ ン 山本

アントニオ猪木について考えることがすなわちプロレスである。最後に行き着いた結論はそれだった。

単にプロレスが好きだっただけなら、私はここまでプロレスにのめり込まなかった。他のいろんな面白いジャンルに興味が移っていたはずだ。しかしそうはならなかった。すべては猪木というレスラーのせいだ。これはもはや呪われた世界といってもいい。この呪いは一生、解かれることはない。完全に鍵がかかってしまった状態。しかもそこにマスターキーの存在はない。おそらく世の猪木ファンはみんな私と同じ心境にあるはずだ。なぜ、こうなってしまったのか？

皮肉なことに猪木自身はこのことに恐ろしいほど無関心。そこがまた無責任というか、憎いというか、どうしようもないのだ。ますますもって私たちは迷路の中の住人になっていった。

ところでアントニオ猪木という存在を知ったのはいつ頃だったのだろうか。戦後、力道山の試合がテレビで放映されていた時、まだ私は小学生だった。昭和30年代、

1955年以後。10代そこそこのガキ。

そもそもその時点で子供心にプロレスに夢中になること自体が異常。あの頃、プロレスは大人が観るものだった。私は不世出の大スター、力道山よりも外国人レスラーに憧れた。彼らの名前は今でも覚えている。ジェス・オルテガ、ミスターX、エンリキ・トーレス、ダラ・シン、ウィルバー・スナイダー、そしてドン・レオ・ジョナサン。フレッド・ブラッシーとザ・デストロイヤーが登場するとプロレスが大衆化、エンタメ化していった。吸血鬼と魔王。ニックネームがその象徴だ。そうなると私の気持ちは少しずつ離れていく。そして力道山の突然の死。それに続くジャイアント馬場時代の到来。すると年齢的にも私は青春期を迎え文学と映画にハマっていく。そんな時、猪木が女優、倍賞美津子と結婚というニュースを知った。猪木が私の視界にやっと入ってきた。

猪木は日本プロレスを二度、離脱。まさしく反抗、反逆、裏切りを繰り返していた。東京プロレスでは思い切り挫折を経験。そんな苦渋の人生を経て新日本プロレスを設立。だが業界的には四面楚歌、八方塞がり、孤立無援。絶望的船出だった。

一方、いつも順風満帆、波乱な人生とは無縁な馬場が、猪木に遅れること7カ月、全日本プロレスを旗揚げ。ここから猪木、馬場、対立時代がスタートする。

そこが最大のキーワードだった。猪木がチャンスを掴んだのは馬場と自分を比較することで思想的闘争を仕掛けたことだ。ストロングスタイルという看板、プロレス八百長論の世間への挑発。そのことで馬場プロレスを保守的ショーマンスタイルと断罪。徹底的なイメージ戦略を展開。持ちつ持たれつの世界でこれは確信犯的反則、タブーなのだ。

私はその主張を支持した猪木シンパだった。勘、本能、感性の三つが猪木のアイデンティティーだった。それしか信じないのだ。それは常識と既成概念をぶっ壊し、新しい時代を創造しようという精神のことでもある。このことは何を意味しているかというと、猪木という無意識が常に言葉に先んじて行動を起こしていく。「行けばわかるさ、迷わず行けよ」がまさにそれだ。無意識は言葉を超えた存在なのだ。世間のほうこそがフェイクであるという発想は本能的無意識の力によってしかありえない。

この問題をさらけ出したのが実は猪木vsアリ戦だった。これはカード自体が非常識そのもの。そのことで猪木は叩かれた。世間の偏見があぶり出されていった。この体験が猪木を覚醒させた。

世の中と闘っていくには計画的に計算された方法論では限界しかない。それより己の無意識的感性を根拠にしたほうが圧倒的にやりがいがある、手応えがあることに猪木は気づいた。東京ドームで興行をするという決断がそれを証明している。そこでも周囲の反対が猪木イズムを覚醒させた。

猪木vsアリ戦で2人は自らの無意識を同時に発見した。そこから生まれた奇跡の友情ほど美しいものはない。アリ戦以後の猪木は自分の中の無意識と対話するプロレスへと変わっていった。こんなプロレスラーは世界中を探しても猪木しかいない。大部分のレスラーはエンタメワークとしてリングに上がっているのだ。

さて来年、令和2年、猪木は77歳の喜寿になる。そしてプロレスデビュー60周年記念の年でもあるのだ。だからここから先は猪木神話の最終章になる。終わりは逆に始まりのことでもある。冒頭で述べたように今こそ猪木について考える時なのだ。

猪木を好きになった者にはその使命がある。猪木について考え続けることが猪木を無限に再生、リボーンしていく。そのことで終わりなき延長戦をしていくのだ。猪木について考えることは、猪木の死後も我々に続く、呪い、宿命といってもいい。これはもう、みんな、今こそ「猪木は俺なんだ!」と言い切るべきなのだ。

装丁／岡孝治（岡デザインオフィス）
カバー写真／原悦生
本文デザイン＆ＤＴＰ／武中祐紀
編集／片山恵悟

第1章

プロレス界「最大の謎」を猪木本人に問う！

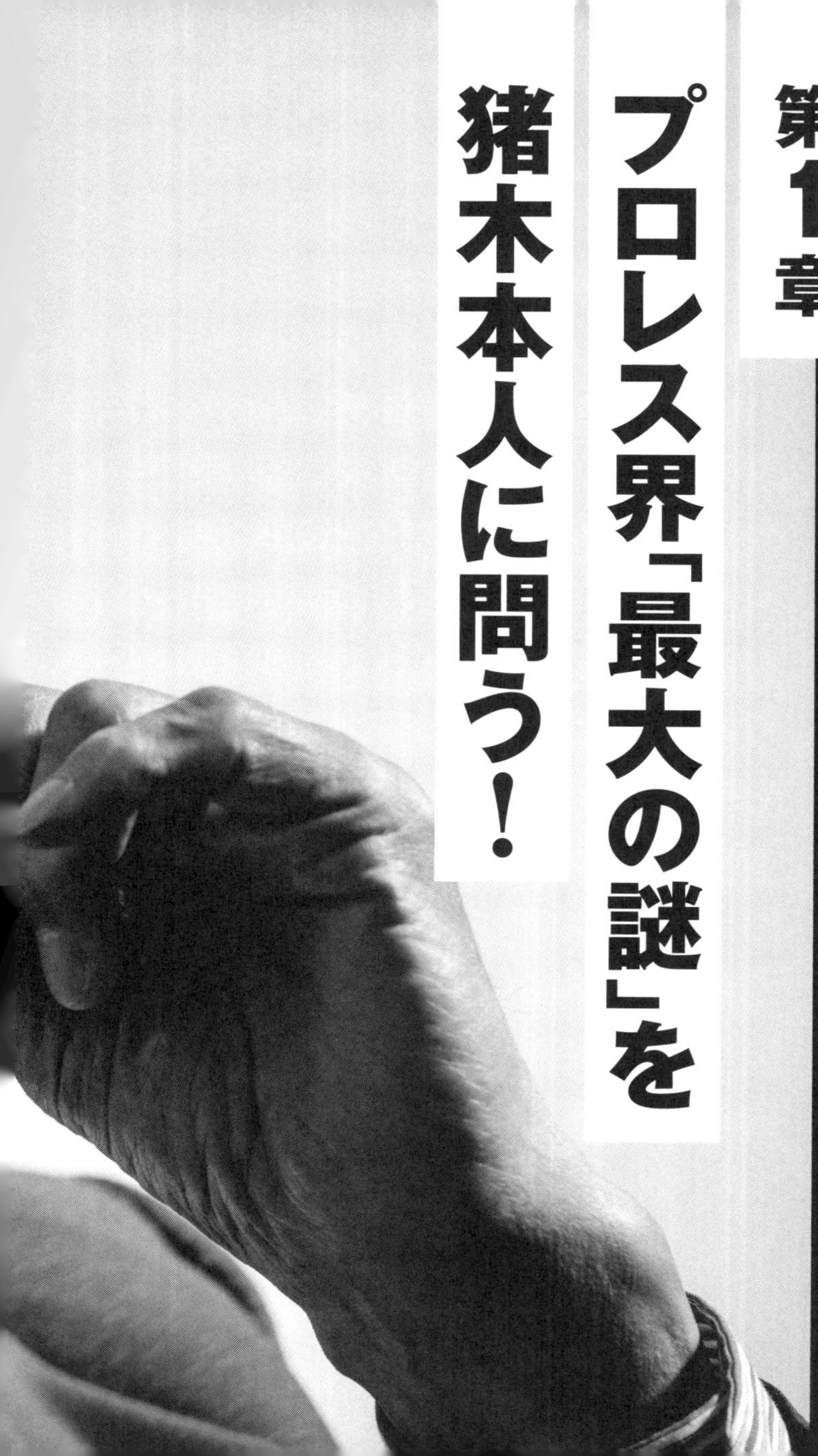

アントニオ猪木

「自分のプロレス、猪木イズムを次の世代に繋ぎたかった……」

取材・文●ジャン斉藤
撮影●タイコウクニヨシ

PROFILE

アントニオ猪木 あんとにお・いのき●1943年、神奈川県生まれ。13歳からブラジルに渡り、コーヒー農園で過酷な労働に従事していたが、60年に力道山にスカウトされ日本プロレスに入門。同年9月30日の大木金太郎戦でデビュー。66年、東京プロレスを設立するも3カ月で破産し日プロに復帰。ジャイアント馬場とのタッグチーム「BI砲」で活躍したが、71年にクーデター事件を起こし日プロを追放。翌72年に新日本プロレスを旗揚げ。「燃える闘魂」と称され、異種格闘技戦、IWGP戦などでプロレス黄金時代を築く。98年、引退。2013年から参議院議員(二期目)を務めたが、19年6月26日に政界引退。

「繋ぎたかったけど、後悔はない」――2020年、東京オリンピックの年に喜寿を迎える男は、プロレスファンを熱狂させたこれまでの闘いの足跡を振り返り、己のイズムを後世に伝えきれなかったことを口にした。

不世出のプロレスラー〝燃える闘魂〟アントニオ猪木。

戦後の日本にプロレスというジャンルを定着させたのが力道山であれば、その直弟子だった猪木は〝その後のプロレス〟のあり方に大きな影響を及ぼしたプロレスラーだ。ストロングスタイル、異種格闘技戦、イデオロギー闘争……猪木の闘魂なくして現在の日本のプロレスの姿はありえない。また、海の向こうのアメリカではひとつのスポーツとして花開いているMMA（ミックスド・マーシャル・アーツ、いわゆる総合格闘技）も猪木の弟子たちの働きがあって現在の形がつくられたといえる。

その猪木がリングを降りて二十数年――現在でも各方面に闘魂の痕跡は見受けられるが、本人が「繋げなかった」と振り返るアントニオ猪木のプロレスとはいったい何だったのか。

「もう昔のことなんて忘れちゃいましたよ。俺に聞かないでみなさんがどう思うかがすべてじゃないかと。まあ、他の人から見れば俺は相当変わった人生を送ってるように見えるようで、いろいろと聞かれるんですが、自分自身はあんまり気にしたことはないんですよね。『猪木さん、〇〇さんに裏切られた時はどう思ったんですか？』なんて聞かれても、俺自身は裏切られたなんて思ったことはない。そういう人間と付き合った自分の自己責任ですから。

変なことをいいますが、俺は詐欺師が大好きなんですよね。『猪木さん、あの人は詐欺師ですよ』って忠告されるんですが、ああ知ってるよ。詐欺師は面白いじゃないかと。だって彼らは夢というかロマンを持ってきてくれるわけでしょ。その話に乗るか乗らないかは自分で判断することですから。そのためにお金もだいぶ突っ込んだこともありますけど（笑）、それも自己責任だし。だまされたことになんとも思わないってことはないんだけど、過去を引きずってるヒマはないんだよね。もう次に走っているから」

「舌出し失神事件」の真相

猪木の歴史は、出会いと別れの繰り返し、集散離合のドラマでもあった。日本プロレスを離脱するが東京プロレスの破綻により日プロに復帰、そしてクーデター未遂により追放。旗揚げした新日本プロレスでは、長州力、佐山聡、前田日明……多くの弟子たちが自らのもとを去っていくが、再び故郷に舞い戻ってくる彼らを猪木は何の躊躇いもなく迎え入れる。

「俺もかつては『世の中には怒りが足りない！』なんていいましたけど、誰かに裏切られたことに対して怒るよりも、一歩を踏み出す勇気というか。人は歩みを止め、そして挑戦を諦めたときに老いていく……じゃないですけど、そのへんも教育のなかに入れていかないと。たとえば最近は暴力による指導が騒がれてますが、そりゃあ暴力はいけないに決まってるけど、熱くなることも人間の本能だと思うんです。暴力を肯定するわけではないけど、物事に対する社会全体のおおらかさがなくなってしまってる。何かあると『そうだそうだ！』と誰かを袋叩きにしていく。正義の功罪ですよね。

暴力があっちゃいけないに決まってますよ。いけないんだけど、この間まである程度許されていたものが、たとえば一方通行だった道路が今度は逆方向に走らなきゃいけないみたいな話は世の中にいっぱいあるでしょう。いつ常識が覆るのかはわからないし、今度は自分が袋叩きになっても耐えられる強さを身につけないと。そういう意味で強さの教育もしなきゃいけないわけです。

俺も昔は世間からしょっちゅう叩かれたもんですよ。全然、大丈夫でした。ちょうど肩が凝ってましたからね（笑）」

世間を振り向かせることをひとつの信条とした猪木のプロレスは、熱狂的な猪木信者を生む一方で、時にはバッシングを浴びた。現代社会の病巣のひとつであるインターネットの大炎上は、かつての猪木の日常ともだぶる。

１９７６年６月、世界が注目したモハメド・アリ戦は、世紀の大凡戦として世界中から酷評された（のちになって総合格闘技の原型として再評価された）。87年３月、大阪城ホールのマサ斎藤戦は謎のマスクマン・海賊男が乱入、不透明な決着を迎えたことで観客の暴動に発展した。同じ年の12月の両国国技館ではビートたけし率いる「たけしプロレス軍団」が襲来。予定されていたカードが強引に変更され、あげく代替カードがあっけない幕切れだったことに激怒した観客が大阪に続いて暴れだし、会場に火をつけられるまでの騒ぎとなった。文字通りの炎上である。

「海賊男？　何が起きたかなんてもう覚えちゃいませんよ。ただ、損害賠償でずいぶんなお金を払ったことは覚えてます。大阪城ホールには2000万円くらい払ったみたいですよ。蔵前国技館でもお客さんが暴れてお金を払いましたけどね」

84年6月14日、蔵前国技館で行われた第2回IWGP優勝戦。猪木はハルク・ホーガンと優勝を争ったが、試合とは無関係の長州が猪木を襲った末の不透明決着。納得のいかない観客は蔵前国技館の施設を破壊するという暴挙に出た。

「蔵前はその年の9月でおしまいで、会場自体を取り壊すことが決まってたんですよ。それでも賠償金は払わされてね（笑）。こっちとしては暴動が起きるなんて想像はしてないです。起きちゃったことだからね、しょうがない、腹切ればいいだろうって、そのくらいの覚悟しておけば、誰が何をいおうとね。実際に投げてみて、どんな波紋が起きるのかなんて計算はしてないけど、ハプニングはそれもよしっていう」

その1年前の蔵前でも猪木はプロレス史に残るハプニングを巻き起こした。83年6月2日、第1回IWGP決勝のハルク・ホーガン戦。かの有名な「猪木舌出し失神事件」である。

ホーガンのアックスボンバーを食らった猪木は戦闘不能に陥り、舌を出したまま失神。猪木の優勝を信じて疑わなかったプロレスファンが唖然とするどころか、栄冠を掴み取ったホーガンですら慌てふためく昭和プロレスのミステリー。猪木失神というアクシデント要素も加わったこと

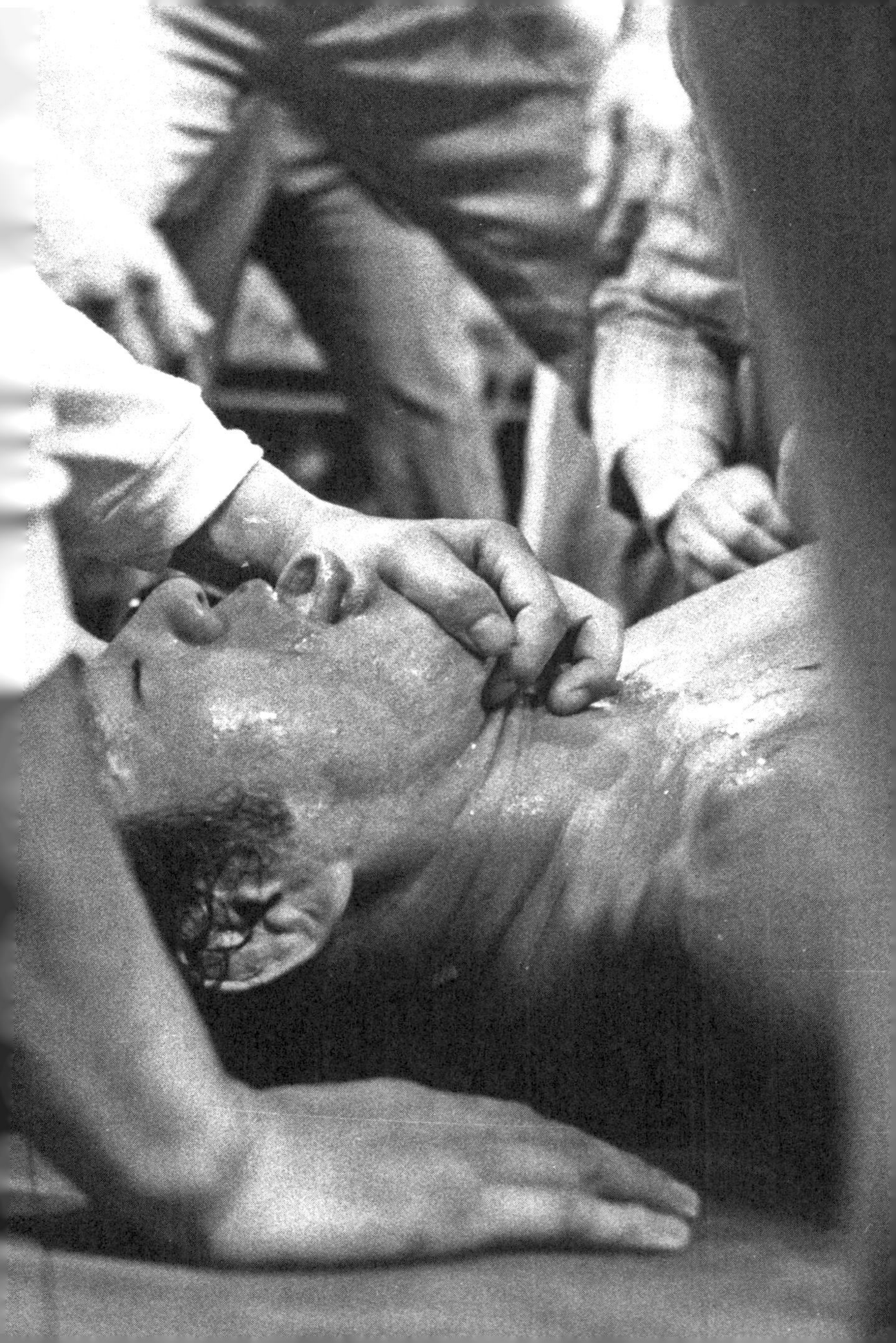

本プロ

で一般ニュースとしても取り上げられた。この試合後、猪木の右腕で現場責任者だった坂口征二が「人間不信」の置き手紙を残して失踪したことからも、一筋縄ではいかない背景をうかがわせた。猪木は試合に負けたが、あの舌出しは世間に向けたポーズにも見えたのだ。

「あの時は（アックスボンバーを）受けてやるってね。たまたま当たりどころが悪かったのか、言語障害が半年くらいあったのかな。古舘伊知郎に教わって『ら・り・る・れ・ろ』を繰り返す練習をやってたんです。その後、政界に出るわけですけど、政治家がしゃべれないというのはマズいので、そのへんをいちばん危惧したんだけど、言葉もちゃんと戻ってきましたからね。

まあ、いろんなことがありましたけど、正直にいえば、あの時怒った人たち、騒いだ人たち、文句を言っていた人たちもけっこう満足してるんだよね。あんなことはとんでもない！　と。たしかにとんでもないことには違いないけど、社会全体の怒りはいつの時代にもあって、何かに押さえつけられてるだけにすぎないという」

「馬場さんがいて自分自身の個性がわかった」

猪木のプロレスは賛否を伴いながらも、想像を超える結末が訪れることで見る者の感情――それは時として強烈な怒り――を引き出していく。それは猪木のライバルだったジャイアント馬場の世界、ややもすると予定調和なアメリカンプロレスとは異なる刺激があった。

「それは力道山イズムというか、戦後のプロレスのなかにあったもの、言い方を変えれば殺伐とした部分、非日常的な部分が試合によっては出てくるわけです。俺は力道山の付き人をやっていて、それこそ裏ではいろんなことが起きてることをこの目で見てるんですよ。映画『仁義なき戦い』のエピソードにもなったりしてね。当時の昭和の興行というのは、正直にいうと危ないなかで行われていた。あの時経験した殺伐さが俺の体の中にあるのかもしれません。何が起きるかわからない、一寸先はハプニングなんていってますがね。

逆に馬場さんなんかのプロレス、アメリカのプロレスってのはパターン化されてるわけです。メキシコのプロレスなんかは俺らから見るとね、まさにどうして毎回おんなじ動きをやっているのか、歌舞伎じゃねぇんだよっていう」

猪木のプロレスを探るときのモノサシがあるとすれば、超獣ブルーザー・ブロディの評価だろう。ブロディといえば、日本やアメリカ、プエルトリコなど世界中のマーケットでトップを獲ったスーパースターだが、猪木はブロディをプロレスラーとしてまるで認めなかった。自分の半生を綴った『アントニオ猪木自伝』でブロディについて「闘ってみると、ブロディもまた、決まったパターンだけにこだわっている『でくの坊』だった」とまで酷評している。

「俺にとってそういうジャイアント馬場という比較対象があったことで、自分自身の個性ってものがわかってきたんです。馬場さんは逆に俺にプレッシャーをかけられたと思うんですが、最後に会った時の言葉が『オマエはいいよなあ』と。俺からすれば馬場さんのほうがいいじゃないかと。葉巻を吸ってリング上がって、いつのまにか相手が倒れてね。こんなことをいったらあの世で馬場さんに会ったときに怒られるか（苦笑）。何を意味して馬場さんは『オマエはいいよなあ』といったのか。それこそ男が好きなことにチャレンジするってことは馬場さんの立場ではできないことだったかもしれないですね」

タイガーマスク引退騒動

プロレスを超えようとする猪木のプロレスに惹かれて、たくさんの若者が猪木のもとに集ってきた。そのなかには〝アントニオ猪木の後継者〟と目されるレスラーが次々に現れたが、猪木は彼らをどうような目で見ていたのか。

「前田日明は『自分は一番弟子ですよ』なんていってくれて、実際にそうなんでしょうけど……まぁまぁ固かったね、あいつも。もっと大成できる素質があったにもかかわらず、観念という部分でおおらかさとか……いろんなものを全部吸収するのは無理だけど、人を許せるものを人生哲学の中に入れられるかどうかだよ、と」

前田は新日本プロレス入門後、84年から第一次ＵＷＦに参加するが同団体消滅後に新日本にＵターン（86年）。格闘王の座をめぐる猪木とのシングルマッチは実現することなく新生ＵＷＦに奔《はし》る（88年）。のちに総合格闘技団体リングスでは世界中から格闘家を呼び寄せ独自の世界をつくりあげた。

「前田日明は彼なりの自分の哲学みたいなものがあるんですが、ただ残念ながら人と人のめぐり逢いというか、人という字は支え合ってできる……とよくいわれるけど、誰とどう出会うかが大事な部分。自分の知らないところで支えてくれる、あるいは相談役になってくれる存在。それはタイガーマスク（佐山聡）なんかにもいえることで、もうちょっといい人たちに出会っていたらなと。ただ、それはこっちが勝手に思っていることであって、彼は彼で自分のことを正当化すると思いますし」

佐山聡は初代タイガーマスクとして空前のプロレスブームを巻き起こすが、その絶頂期に虎の覆面を突然脱ぎ捨てた。素顔になった佐山は第一次UWF参加後、シューティング（修斗）を設立。現在の総合格闘技の土台を築いた。

「彼が新日本を辞めた時のことは、あんまり覚えてないな。俺は引き止めたことはないんですね。いろいろと不満があったんでしょう。俺がいい子になるつもりは何もないし、俺には俺の欠点があるんでしょう。そういうことをレスラーはなかなか言葉としてちゃんといってこられない。その時にはもう行動を起こしちゃっているから。

あの時のタイガーマスクにコンチェラ（ショウジ・コンチャ）なんてマネージャーが入ってね、あんなものは……。ただ選手はさみしいですから、そういう相談役が欲しいんですよ。やっぱりそういう人間は自分のことを否定はしないわけだから。『そうだよね、そうだよね』って、おだてて持ち上げる人間だから。それは本人にとっては心地いいわけですよね。どこ行っちゃったの、コンチェラは?」

飛龍革命で足りなかった藤波のセンス

〝猪木の後継者〟と期待された選手のなかで日プロ時代から師弟関係にあったのは藤波辰爾だ。猪木を追って新日本の旗揚げ戦から参加した藤波は、ジュニアヘビー級というカテゴリーを確立。88年8月8日には猪木とプロレス史に残る60分フルタイムドローの死闘を繰り広げたが、ついにシングルマッチで猪木からフォールを奪うことは叶わなかった。

「(藤波は)ひとことでいえば真面目で、ひとつの枠からはみ出せない。そこのところが脱皮できない部分、どういうふうに脱皮するかはその人間次第ですけどね。俺たちはきっかけをつくってあげることはできるけど……髪の毛を切った事件がありましたよね」

88年4月22日、新日本の沖縄県立奥武山公園体育館大会。藤波は長年続く猪木トップ体制からの脱却を訴え、試合後の控室で自らの前髪をハサミで切り落とす形でその覚悟を猪木に示した。その行動は「飛龍革命」と呼ばれている。

「あれもね、要するにこのくらい切るのか、どうやって切るのかっていうのが彼のセンスかどうかで……腹をくるってところをどれだけ見せれるか。髪の毛を切るといったって、切り方があ

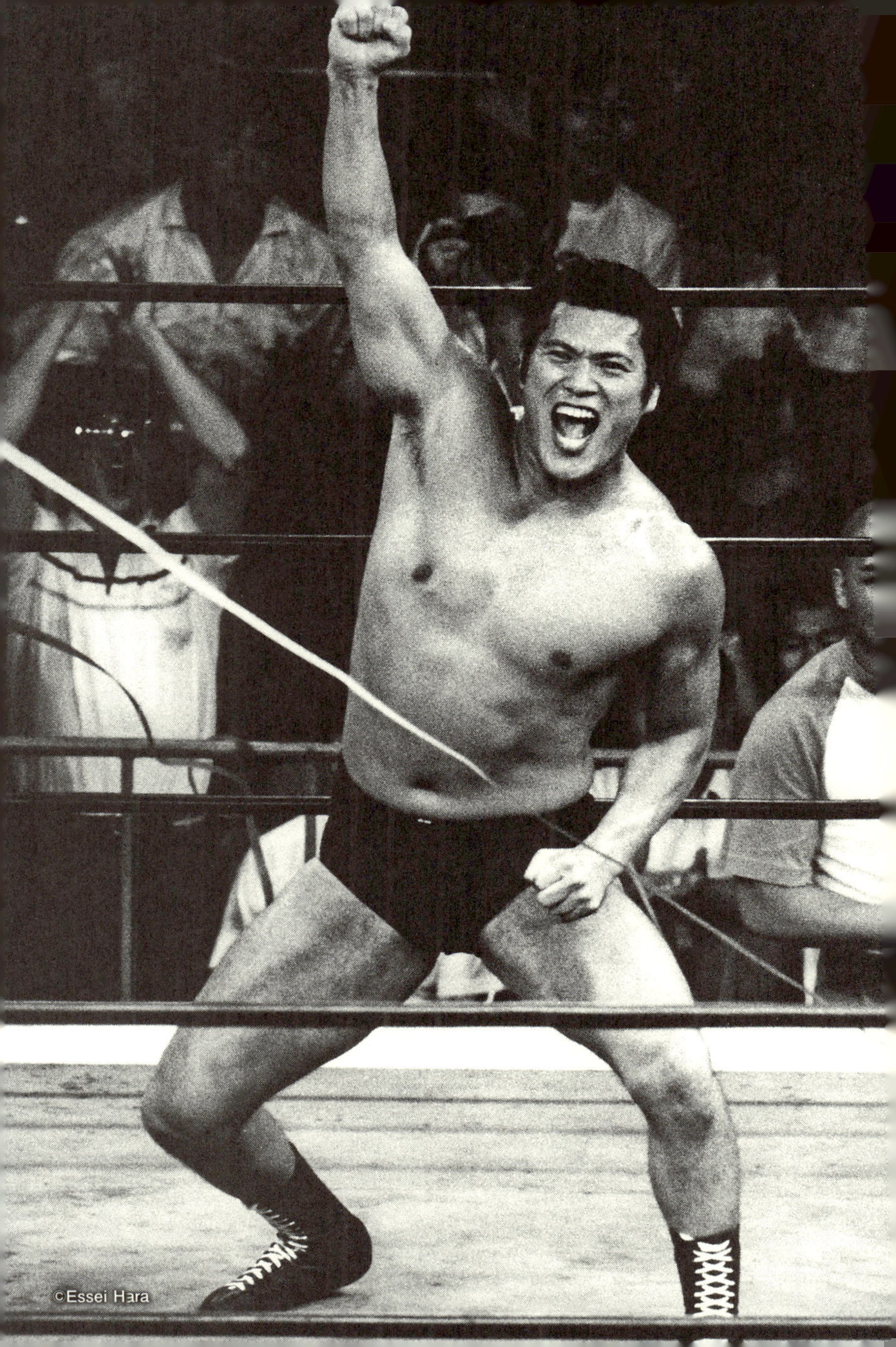

るよっていう。どう切ればいいのか、どこまで切ればいいのか。そこは教えてどうこうではない。だって自分で腹が立って髪の毛を切ったわけだから、他人が教えるもんではないでしょう、それは」

今年の6月26日に引退した長州は、藤波への噛ませ犬発言（82年10月8日・後楽園ホール）からチャンスを掴み、時代を代表するプロレスラーにのしあがった。2000年代に新日本の方針をめぐって猪木と対立し、「あの人には感謝すらない」と憎しみの言葉を吐いて決別した時もあったが、引退試合後、長州は猪木への感謝の言葉を繰り返した。

「45年間ずっと猪木会長を見てきた。猪木会長はリングを下りてからもプロレスを24時間考えている。リングの上のアントニオ猪木に近づくのはとてつもなく大変なこと」（長州）

「そんなことを言い出すなんて、長州も歳を取ったんじゃないのか（笑）。彼の場合は自分の個性を色濃く出せてね。その点、藤波はそうではないから。いい選手というイメージはあるんだけど、荒くれた部分というか……。

まあ、俺は誰にどう褒められようが、どんな文句をいわれようがどうだっていいですよ。だからって付き合わないってことはないからね。そういう見方もあるんだなってだけで根に持つってことは俺にはないから。よく考えてみたら俺も欠点だらけだけど、人間はかっこよくいえば日々成長する生き物ですから。そういう意味で発展途上人として考えてみれば、そういう見方もあるのかなって」

橋本vs小川〝1・4事変〟の黒幕か？

平成元年の89年、猪木はスポーツ平和党を立ち上げ政界に進出。参議院議員選挙に初当選し、プロレスラー初の国会議員となる。猪木以後の新日本は長州が現場監督として采配を振り、猪木のキャッチフレーズを冠した闘魂三銃士——すなわち橋本真也、武藤敬司、蝶野正洋の3人が平成・新日本プロレスを支えていく。

「本当はあの3人をゴチャゴチャに丸めてひとつにすれば、それなりの感じになったんだけどね（笑）。三馬鹿トリオのなかでは武藤がいちばん才能的にはセンスはありましたね。蝶野はなかなか奥深いっていうか考え方が。そのへんあんまり、計算をするんだろうけど、逆にいえばそれが……。そういう意味でいえば橋本は面白かったんじゃないのかな」

平成・新日本の象徴に君臨していた橋本に猪木流の試練が襲いかかる。

99年1月4日、新日本の東京ドーム大会。邪道・大仁田厚の初参戦に沸くセルリアンブルーのマットに劇薬が投下された。橋本真也vs小川直也戦、俗にいう〝1・4事変〟。100年に一度のシュートマッチとして語り継がれる伝説の試合である。

「覚えてますよ。あの時俺は覆面をしながら試合を見てて。あれが苦しくてさ（笑）」

すでに引退して新日本から距離を置いていた猪木は、96年から世界格闘技連合（のちのUF

O）を立ち上げており、この日は新日本との対抗戦が組まれていた。大将戦はUFO所属選手の小川直也と橋本真也の一騎打ち。猪木はどういうわけかマンガ『1・2の三四郎』の主人公・三四郎のマスクを被り、一塁側のベンチ前から戦況を見守っていた。試合前から両陣営の間には不穏な空気が流れ、橋本は体にオイルを塗って試合に臨んだとも伝えられているが、小川のプロレスの一線を越えた打撃の前に橋本はなすすべもなく潰された。

「俺から言わせれば、それぞれお互いがつっぱねていたから、やることやればいいんじゃん！ っていう話で。そんな難しいことは考えてない。一寸先はハプニングじゃないけど。よくシナリオがあってどうのこうのっていわれるわけでしょ。どんなものだってシナリオはあるだろうけど、そんな見え透いたシナリオじゃ面白くないだろう？ってだけの話。評価するかしないかは別にして、あの試合もそのあとのことは覚えてないんですよ。彼らを止めに入ったの？」

新日本を代表するレスラーが事実上の公開処刑の目に遭ったことで新日本のレスラーたちは激怒。小川らUFO勢に襲いかかり大乱闘に発展し、逃げ遅れたUFO側の村上和成は集団暴行を受け、一時は生命の危機に陥った。気がつくと『1・2の三四郎』のマスクを被った猪木は会場から姿を消していた。

猪木は『アントニオ猪木自伝』でこの試合について「私のつくった団体なのだから、潰れていくのを黙って見ているわけにはいかない。だが、眠ってしまった組織を目覚めさせるのは、並大抵ではない。――それが橋本と小川が闘った1999年1月4日だったのである」「その大仁田の『毒』に対して、お前の試合なんかクソくらえだと宣言したのが、小川が仕掛けた試合なのである」と振り返っている。

「それこそ当時の新日本の幹部は俺に怒りまくってね。俺が小川にやらせたんだろうってことで電話があったりしたし、当時はいろいろと批判をされましたが、今になってみんながあの試合は最高でしたという。そこはプロレスの魅力だと思うんです。野球やサッカーなんかのスポーツは反則をすれば退場です。でも、プロレスではその反則行為が5秒未満は許されるという。誰がつくったルールか知らないけれど、見方を変えればいいかげんというか、非日常的なことをやっているわけですよ。そこを含めてどうやってプロレスというものを強調し、どう演じられるかと。

さっきいった（藤波が）髪の毛を切ることもそうだけど、何をやるにしても選手としては自分をよく見せようと思ってやっている。ただ、そこは1万人、2万人の客との勝負だよと。どれくらい緊張感を持って見せるのかが大事なんだけど……どうやったって嘘の表現は嘘なんですよ。嘘に見えたら客はサーッと引いていく。たとえば髙田と武藤がやった試合もそうでした」

Uインターとの対抗戦、武藤敬司への不満

95年10月9日、東京ドームで実現した「新日本プロレス対UWFインターナショナル全面戦争」。大将戦の武藤敬司vs髙田延彦は、武藤がクラシックなプロレス技である足4の字固めで、

©Essei Hara

従来のプロレスを否定してきたU系の髙田を破るというドラマチックなエンディングを見せた。しかし、この試合のゲスト解説を務めた猪木は当時からこの試合を評価せず、第1試合の石澤常光&永田裕志vs金原弘光&桜庭和志の緊張感みなぎる攻防を絶賛していた。

「対抗戦という緊張感があった試合のはずなんだけど。武藤が入場する時に、ガウンをはだけて胸を突き出してお客さんにどうだ！　みたいにアピールしちゃってね。あんな真似をすることで客の緊張感は一瞬で消える。いったん下がっちゃったら二度と戻せない。これは彼にいったところでわからないと思いますよ。あれだけの緊張感が漂った試合のなかでいきなりアレをやったら……まぁ彼は彼でいいと思ってやってるんだから。だけど、せっかくあれだけの緊張感、期待感があったにもかかわらずね。

あの試合だったら何回でもやれる。お金にすれば何十億ですよ。一瞬でお客の心をガチャーンとどう掴めるのか。（タイガー・）ジェット・シンなんかはそこを心得てるのかな。いいか悪いかは別にしてそういう機微がわかっている」

猪木が新日本の方向性に疑問を感じ始めた90年代は、UFCやK-1など格闘技が興行として人気を博し、プロレスラーの強さを競技のなかで測ろうとするニーズが生まれてきた。プロレスの価値観が格闘技に揺さぶられつつある時代だった。

「ちょっと時代が変わったら、ああいう形でブームになりましたけど、グレイシーの技なんて逆関節から何から全部知ってますよ、俺たちは。ずっと道場でやってきたわけです。カール・ゴッチさんの関節技……ゴッチさんの技術は柔術とはまたちょっと違ったもので、あの人はとてつもないパワーがあって、ガッチリと合わせてくるからね。よくビル・ロビンソンやゴッチさんと一緒に京王プラザのベッドをどかしてね、この技はこうだとかやっていたことがありますけど、俺らはそういった基本の練習をしてきましたからね。

今のプロレスは強くないヤツがスターになる。ロックミュージックじゃあるまいしね、カッコばかり気にしてね。強さを求めてないし、客に媚を売ればいいんですから。こういった俺の話を今の若いヤツらが聞いたら『そんなのバカらしいです』っていうかもしれませんけどね。興行ですから、必ずそういうスター性のある選手が必要です。その裏にはガチンコでやれる人間。変なのが出てきた時に勝負すると。そういう世界だったんです」

新日本プロレス身売りは「参謀」不在が原因

プロレスラーは強さをどう表現していくのか。いわくつきの試合となった橋本vs小川の話に戻る。潰される結果となった橋本は「俺は絶対許さないよ。何がアントニオ猪木だ！　けしかけたのが誰か、誰でもわかること」と猪木への憎しみを隠そうとしなかったが、まるで猪木の魔性に惹かれるように小川との抗争に巻き込まれていく。

再戦でも返り討ちにあい２連敗を喫した橋本が、３度目は引退を懸けて小川に挑む。負けたら引退――「今度こそ勝つ！」と橋本を信じるファンもいれば、引退まで持ち出したことで橋本の勝利という予定調和を勘ぐるファンもいた。しかし、橋本はここでも小川に敗れた。〝猪木プロレス〟の本領発揮ともいえるクライマックスに言葉を失ったのはファンだけではない。新日本のレスラーや社員、ゴールデンタイム生中継に動いたテレビ朝日関係者までもが「まさか……」と呆然と立ち尽くした。リング上には精根尽き果てた橋本と小川、そして立会人の猪木の3人。橋本と小川の2人に猪木が自分の思いを託したかのように思える光景がそこにはあった。

「あんまり誰かに期待したことはないけど、次は次の時代の人間でやればいいんだから、そこまで俺が注文つけるつもりはなかったけど……たまたまああいう試合になって。そこは自分たちでやって学ぶしかないじゃないですか。いつ何時じゃないけど、俺たちはそれこそアメリカでは相手もさることながら観客も敵だった。そのなかでナイフで体を何カ所か切られたこともあったんです。そんな命がけみたいな話がいいとはいわないけど、そのくらいの心構えが必要だし、そこから醸し出すオーラが出せるか出せないか。持ってなかったら出てこない。あの試合の彼らには出せる何かがあったということでしょう」

猪木という激流に巻き込まれた橋本はやがて新日本を離れ、自らの団体を設立するも、病に倒れ志半ばでこの世を去った。猪木と徐々に距離ができつつあった小川は、エンターテインメント色の強いプロレスイベント「ハッスル」で腰を振るポーズで世間に名を売ったが、「あんな下品なポーズを……」と猪木の不興を買った。ストロングスタイルの後継者は消えゆくなか、猪木がオーナーを務めた新日本は興行不振に喘ぎ、倒産間近のところでゲーム会社ユークスに売却された。

「こんなことというと怒られちゃうけど、参謀が悪かったね。参謀が次の夢、俺のビジョンを把握していれば……誰々とはいいませんけど、もう去っていった人間たちもいます。結局、人が何を成すかは、自分に才能があろうがそこを支える参謀によって変わってくるので。そういう意味では今は本当にいい仲間が戻ってきてくれてやってますけど、当時の俺は2歩も3歩も先を走り回ってたから、そこまで見えなかったですね」

藤波、長州、佐山、前田、橋本、小川……繋げなかったイズム

新体制となった新日本は〝脱・猪木〟の路線に舵を切ったことで、猪木も新たな居場所をつくるべく新日本から離れていった。現在の新日本所属レスラーで、猪木とリング上で肌を合わせたことのあるレスラーは獣神サンダー・ライガーただひとり。そのライガーも2020年の正月にリングから去る。猪木がつくった新日本は、猪木の知らない新日本になっていく。猪木の影がない世界――自分の思想を弟子たちに伝えきれなかった思いが猪木の中に残っているのだろうか。

「……それはちょっとはありますね。そりゃあ繋ぎたかったですよ。後悔はしてないけど、興行ですからいろんな形に変わっていく。テレビの撮り方も変わってきてるし、そういうなかでイズ

ムというのはひとつの言葉にすぎないですし、形があるわけではないから。イズムというものを誰かに伝えようと思っても、こうやって口でいったところでわからない。イズムってのは何だかわかんないけど、そういう遺伝子を次に繋ごうとしても無理なんですよ。それは逆にいえば、盗み取ってやろうとするもので、教えるもんじゃないよっていう。興味がなければまったくそんなものは必要ないし、興味があればそこから学んでやろうとするし。

結局のところ俺は興行というものを親父、つまり力道山から教わったんです。別にああだこうだと口で教わったんじゃないですよ。俺は親父からまともに口を利いてもらったことないですからね。殴られたことしかありません。

戦後の日本を勇気づけるヒーローは何人も現れましたが、力道山という存在はもう突き抜けてました。そして親父は非常識の塊のような人でした。非常識なことを平気でやるから世の中が騒ぐってわけじゃないですが、やっぱり興行にとって必要なパフォーマンスのうまさが親父にあったんです。それこそ池に石を投げてポチャンと沈んでしまうのか、それとも大きな波紋がどんどん広がっていくのか。その力道山のプロレスが戦後の日本に何を訴えていたのか。

多くの国民はリングでアメリカ人レスラーに空手チョップを見舞う力道山の姿からエネルギーをもらっていたわけです。親父は戦後復興を果たしていく日本の象徴のひとりだった。

あの力道山のプロレスとはなんだったのかといえば、いってしまえば劣等感だったのかもしれません。俺は親父とはそういう話をしたことはないからわからないけど、朝鮮移民ということで相撲時代に差別を受けて、自ら髷《まげ》を切って廃業してしまったとか。相撲の次にプロレスをやり始めたらブームが起きてしまったけど、親父は思いもよらない形で戦後日本のスーパースターになってしまったわけですが、親父はそんな矛盾のなかで生きてきたんです。俺は心理学をやっているわけでもないですけど、自分の出自から受けた差別や劣等意識、抑えきれない怒りこそが親父のエネルギーであり、それがプロレスに繋がっていったんじゃないですかね」

猪木もまた、劣等感をエネルギーに変えてきた男だった。貧困のために猪木の家族はブラジルに新天地を求めたが、夢見た楽園はそこにはなく、コーヒー農園で奴隷同然の重労働を強いられた。ムチとピストルを手にした作業監督が監視するなか、猪木少年は朝から晩まで働いた。夜逃げした移民の家族は撃ち殺された。

青年に成長した猪木はブラジル遠征中の力道山にたまたま見い出され、プロレスラーになるべく日本に帰国することになったが、プロレス社会もまた理不尽な暴力が支配する世界だった。ブラジル農園のようにムチで叩かれることはなかったが、力道山のゴルフクラブで猪木は何度も思いきり叩かれた。

「劣等感とは人間が誰もが本来持っているもの。もっといえば劣等意識は根底にある。今に見てろよ、いつか跳ね返してやる！　とエネルギーになるわけです。一般的には劣等感を見せることはあまりよくないんだけど、劣等意識を持っていない人はほとんどいないと思うんですよ。そばから見てうらやましいくらい大金持ちでも、悩みとか劣等意識がある。俺らはそれをどうやって表現するのか。そうやって石を投げることで、客の何かを引き出してしまって……時には会場を壊されちゃうのかもしれませんがね。ハーッハッハッハッ！」

藤波辰爾、長州力、佐山聡、前田日明、橋本真也、小川直也……多くのレスラーが〝燃える闘魂〟アントニオ猪木の背中を追いかけ続けて、猪木イズムを学び、自分なりにプロレスで表現していった。「繋げなかった」と猪木は宙を見上げるが、猪木の闘魂が彼らの根底にある〝何か〟を大きく揺さぶったことは間違いない。

「みんな俺の弟子だといってくれるのはありがたいんですが、やっぱり繋げなかったという意識は俺の中にあります。後悔はあるかといえば……ああやればよかったなって思うことはあるけど、そんなことを考えているヒマがないというか、次に走り出していますから。人間というものは夢を諦めたほうが楽でいいんですよね。そっちのほうが楽なんですよ。でも、俺は夢を追いかけ続けたいんです」

第2章 猪木・最盛期「昭和」の弟子たち

©Essei Hara

「タイガーマスクとは猪木イズムの結晶です」

証言

佐山 聡

取材・文●堀江ガンツ

PROFILE

佐山 聡 さやま・さとる●1957年、山口県生まれ。75年に新日本プロレスに入門し、81年、タイガーマスクとしてデビュー。その華麗な動きで一大ブームを巻き起こしたが、83年に人気絶頂のまま引退。翌年、スーパータイガーとして第一次UWFに参戦。近代総合格闘技を創始し、シューティング（現・修斗）旗揚げ。98年にアントニオ猪木率いる「UFO」に参加し、小川直也を指導。99年、掣圏道（現・掣圏真陰流）を創始。2005年に「リアルジャパンプロレス」を設立し、初代タイガーマスクとして現在も活躍中。

80年代前半、日本に空前のプロレスブームを巻き起こし、のちのマット界にも多大なる影響を与えた、不世出のスーパーヒーローである初代タイガーマスク。当の本人である佐山聡は、その栄光の足跡をことさらに誇ることはなく、今も常々「タイガーマスクは、新日本プロレスの叡智。猪木イズムの結晶です」と語っている。

「タイガーマスクというのは、飛んだり跳ねたりするだけのレスラーじゃない。猪木イズムの結晶、猪木イズムがつくりあげた芸術なんです。僕が新日本の若手時代に3年間叩き込まれたガチガチのストロングスタイル。それが一番の根っこになっていますから。あの猪木さんの思想がなければ生まれてこなかったものなんです」

アントニオ猪木と佐山聡という2人の天才、鬼才が出会ったことによる化学反応で生まれたタイガーマスク。その両者の関係を改めて振り返ってみたい。

「猪木さんはプロレスもやって、ガチンコもやっている」

佐山がプロレスに目覚めたのは小学生の頃だった。

「僕はまず、プロレスより先に沢村忠のキックボクシングが好きになったんですよ。それで自宅の蛍光灯の紐にパンチしたりキックしたりして遊んでね（笑）。そのあとすぐに猪木さんが好きになって、プロレスファンに転向するんです。小学5、6年生の頃にはもうプロレスラーになろうって思ってましたから。プロレスラーのなかには山本小鉄さんや、星野勘太郎さんのような小柄な選手もいらしたので、俺も鍛えればできるんじゃないかってね。

当時はプロレス自体が好きだったので、他にもミル・マスカラスやドリー・ファンク・ジュニアとか、プロレスファンが好きなレスラーはだいたいみんな好きでしたね。ただ、アントニオ猪木だけは別格でした。少年ファンにとっては神様のような、すごい存在ですよね」

多くのプロレスラーがいるなかで、猪木だけが別格だった理由を佐山はこう語る。

「猪木さんのプロレスは〝ホンモノ〟だと思ったんですよね。新日本はストロングスタイルだという認識があったし、猪木さんが雑誌等で語っていた『プロレスは闘いだ』というメッセージにも子供ながら共鳴していました。

だから〝プロレスラーになりたい〟という気持ちはありましたけど、全日本プロレスや国際プロレスに入りたいという気持ちはまったくなかったんです。猪木さんのいる新日本プロレスに入りたいという気持ちだけでした」

佐山は中学生になると、プロレスラーになる準備として柔道部に入部。中学卒業と同時にプロレス入りしようと考えるが、親の反対に遭い、仕方なくレスリング部のある高校に進学した。

すると高校1年の新人戦ですぐ山口県王者になるなど才能が開花。2年生や3年生にも勝てるようになると、「もう高校でレスリングをやってる場合じゃない、早く東京に出てプロレスラーになりたい」という思いが募り、高校を1年で中退して上京する。「身長が高くない自分は、年齢がいってからでは入門できないのではないか」と危機感にかられたのだ。

そして佐山は、新聞配達やレストランなどで住み込みで働きながら体を鍛え、いざ、新日本の門を叩く。

「僕が必死で『入れてください！』ってお願いしたら、入門テストみたいなものをやらせてもらえることになったんです。そこで足の運動（スクワット）、腕立て、ブリッジとすべてクリアして、最後にスパーリングをやらされたんですよ。僕はレスリングに自信があったので、『よし、これに勝てば入門できるな』と思ったら、逆にボロッボロにやられたんです。その相手が実は藤原喜明さんだったんですけどね」

当時の藤原は、いち前座レスラーにすぎなかったが、すでにその〝裏の実力〟は関係者には知られていた選手。その藤原が相手をしたということは、おそらく体の小さい佐山にプロレスラーの夢を諦めさせるつもりだったのだろう。

「でも、必死で食らいついていったら、終わったあと、『よく頑張ったな』といってもらえましてね。でも、当時は体重70キロそこそこだったので、新間（寿）さんに『80キロにしたらまた来なさい』といわれて。そこからボディビルで必死に体を鍛えて半年後にもう一度行ったら、ちょうど若手選手が海外修行でいなくなった時で、下っ端の雑用係がいないから僕は入れたような感じでした」

体の小さな佐山の新日本入門は、佐山本人の才能とやる気、そしてちょうど新日道場に若手が少なくなったタイミングが合ったことで実現したのだ。

夢にまで見た、新日本の道場。実際に入ってからも、抱いていたイメージは変わらなかったという。

「やっぱり練習は厳しかったし、当時はセメント（関節技の極め合い）の練習ばかりやっていた記憶がありますけど、藤原さんや木戸（修）さんとか、みんな強かったですよ。もちろん、猪木さんが最も強かったですからね。『やっぱり新日本の道場はすごいな。入ってよかったな』と思いましたね」

当初は、先輩とスパーリングをやるたびに極められていた佐山だったが、徐々に極められなくなっていき、そこに充実感を見出していた。

「猪木さんはスパーリングで強くなるという、僕らが目指していたものをリードしてくれていました。だから、より尊敬するようになりました。団体のトップがプロレスもやって、道場では実戦的な練習もやっているわけですから。

だから僕も、ショー的なプロレスはやりませんでしたね。試合でも殴る、蹴る、関節を極めるなど、基本的なことばかりやっていました。猪木さんの思想に共鳴していたんです」

その猪木の思想とは、「プロレスラーは誰よりも強くならなければいけない」ということと、「プロレスに市民権を与えなければならない」ということだった。

「僕は猪木イズムに心酔していたんですよ。プロレスラーは強くなければいけないし、そのためには道場の練習でガチンコの強さを身につけなければならない。

実際、新日本ではそういう練習をしていましたけど、それだけじゃプロ野球なんかと同じような市民権は得られないと思ったんですね。やっぱり、ガチンコじゃなきゃダメだと。そういうなかから、今でいう総合格闘技のアイデアが生まれてきたんです」

プロレスラーというより格闘技の人

総合格闘技のアイデアを得た佐山は、新日本道場での合同練習後、〝鬼の黒崎〟こと黒崎健時が創設したキックボクシングの目白ジムにも、先輩たちには内緒で通い出した。総合格闘技をやるためには、キックボクシングの技術が必要不可欠だと感じたからだ。

「レスラーが強いといっても、それは寝技が強いわけですよね。でも、寝技になる前に立ち技があるじゃないか、立ち技の前に打撃があるじゃないかと。そう考えた時、これはキックボクシングを知っておかなければダメだと思いました。だから最初は、自分がキックボクシングをやるというより、ちょっと打撃の世界を覗きたかったんですよね。

キックボクシングの練習は、相手の打撃をかいくぐって組みつくために必要だと思ってたんですけど、練習をやっていくうちに、打撃自体の必要性を感じて、より総合格闘技的になっていった感じですね」

プロレスラーとして他競技との闘いに強い興味を持っていた佐山は、練習をするだけでなく、格闘技について独自で研究をして、新たなものも生み出した。

77年10月25日、日本武道館で行われた、プロボクサーのチャック・ウェップナーとの格闘技世界一決定戦において、猪木はボクシンググローブとは違う掴めるグローブ、現在総合格闘技で使われているオープンフィンガーグローブの原型のようなものを両手にはめて闘ったが、これは佐山が考案したものだった。

「掴めるグローブというのは、総合格闘技をやるために考えたものでしたね。やはり、打撃も関節技も両方使えなければ総合格闘技にならないので。当時、新日本の道場にいたイワン・ゴメスにも、バリツーズ、つまりバーリ・トゥードについては聞いていて、彼は打撃は張り手、掌底でやっていたんですけど、グローブで殴れたら最高じゃないですか。張り手とパンチじゃ、全然違うので。

それでブルース・リーの映画に出てきたグローブを参考にして、リングシューズをつくってくれていた靴屋さんにつくってもらったんです。ブルース・リーと同じでは、ちょっと実戦で使えなさそうだったので、使えるように改造してもらってね。できあがったグローブを猪木さんに見せたら、『それは、いいな』といわれて、実際にチャック・ウェップナー戦で使ってくれたんですよ。

ただ、試合が終わったあと、『やりにくかった』といわれましたけどね。今のシューティンググローブとはまた全然違う形で、アンコの部分が大きかったりしたので、脇が差せなかったり、クラッチがしにくかったりしたんでしょうね」

オープンフィンガーグローブを使用しての初の異種格闘技戦は、思ったほどうまくはいかなかった。ただ、当時まだデビューして1年程度の若手であり、自分の付き人であった佐山の意見を採用する、猪木の頭の柔軟性には驚かされる。

「僕は猪木さんの付き人だったので、よく格闘技の話なんかをさせてもらってたんですけど、しっかりその話に耳を傾けてくれてたんですよね。猪木さん自身、格闘技にすごく興味を持っていたと思います。だから猪木さんの考え方は、プロレスラーというより格闘技の人っていうんですかね。そんな感じがしてました。もちろんプロレスはさらに天才的です。

それである時、猪木さんに『新日本の中に、格闘技部門をつくったらどうですか？』みたいな話をしたら、『新日本ではいずれ格闘技をやる。お前を第1号にする』といってもらえたんです。そこからはもうすっかりその気になって、『自分は格闘技の選手になるんだ』という考えだけでしたね」

ちょうどそんな時、佐山にキックボクシングの試合出場の話が舞い込む。

77年11月14日、日本武道館で開催される梶原一騎主催の「格闘技大戦争」という格闘技イベントで、佐山は全米プロ空手ミドル級ランキング1位のマーク・コステロとキックボクシングルールで対戦することとなったのだ。

この試合で佐山は、相手の土俵である不慣れなルールで7回ダウンを奪われ判定負けを喫してしまう。それでもプロレスラーの意地で、最後までリングに立ち続けた。

「あの時は、黒崎道場vs全米プロ空手の全面対抗戦のような形で、黒崎先生のほうから『重い階級の選手がいないからひとり貸してくれ』という話が新日本に来て、僕が出ることになったんですね。

当時、僕はまだキックの練習を始めたばかりで、相手は全米1位ですから、勝てるわけがないんですけど。プロレスラーとして絶対にKOされるわけにいかなかったんで、最後まで折れずに闘ったんです。それで試合後、猪木さんに『勝てなくてすいませんでした！』って謝ったら、『よく頑張った』って逆に褒めてくれて。小鉄さんも黒崎先生も褒めてくれたんだけど、ひとりだけ先輩に『お前だらしねえな』って言われたんですよ。それが悔しくて悔しくて、さらにキックの道にのめり込んでいくきっかけになったんですね。その先輩が誰だかは言えませんけど（笑）。今では、ありがたいと思ってます」

「猪木さんのためなら死ねる」

こうしてデビュー1年半でリアルファイトの他流試合を経験。その敗戦をバネに、ますます格闘技での強さを追求するようになった佐山。新日本の若手選手として、前座試合に出場しながらも、気持ちは猪木にいわれたとおり、新日本の格闘技選手第1号になることだけを考えていた。

しかしコステロ戦の半年後、佐山は坂口征二からメキシコ行きを告げられる。当時、若手の海外遠征は「スターへの片道切符」といわれていた。またデビュー2年で海外に出るというのは異例で、佐山への期待の大きさがうかがえたが、遠征先が格闘技とは真逆ともいえるルチャリブレの本場メキシコだったことが、佐山の胸中を複雑なものにした。

「メキシコ行きを聞いた時は、ショックでしたね。意味がわからなかった。もう自分はこれから格闘技戦をやるもんだとばかり思っていたし、そういう練習ばかりしてましたから。でも、会社命令だから断れないし、新日本のために頑張ろうって、気持ちを切り替えてメキシコには行きましたね。

ただし、向こうに行っても格闘技の練習は欠かさない、ということを自分に課してました。メキシコはボクシングが盛んだから、ジムに行くとたいていサンドバッグがあるんですよ。だから暇さえあれば、そのサンドバッグを使って蹴りの練習ばかりしてましたね」

このように半ば嫌々行ったメキシコ遠征だったが、ここで佐山は才能を早くも開花させる。現地のトップレスラーとなり、渡墨1年でメジャータイトルNWA世界ミドル級王座も奪取した。

「やっぱり新日本の名前を背負って出てるわけだから、しっかり活躍しなきゃいけないと思って、自分なりに向こうで評価される動きを研究したんですよ。それが空中殺法だったりするんだけど、僕はけっこう器用なんで、できちゃうんですよね。あとは自分の蹴りを生かすために、ブルース・リーみたいな動きを取り入れて。そういったものが、メキシコですごく評価されたみたいですね」

このようにして、空中殺法や華麗な蹴り技を使うタイガーマスクの〝原型〟は、メキシコの観客の反応を聞きながらできあがっていった。

「ただ、空中殺法にしても、ブルース・リーみたいな動きにしても、『本物じゃなきゃダメなんだ』とは思ってました。昔、極真空手に〝鳥人〟の異名を持つ（ウィリアム・）オリバーという選手がいたんですけど、僕自身は自分のスタイルとして彼をイメージしていましたね。すごく動きが速くて、派手で華麗な技を使う選手でしたけど、それが〝見せ技〟ではなくて、本当にガチンコで強い。自分もそうならなきゃいけないって。相手と息を合わせて、見せるための空中殺法だったら、それは学芸会になっちゃいますから」

こうして新日本の教え、ストロングスタイルを胸に闘った2年間のメキシコ修行を終えたあと、80年に今度はイギリスに転戦。ここでも佐山は〝ブルース・リーの従兄弟〟という触れ込みのサミー・リーに変身すると瞬く間に人気に火がつき、旋風を巻き起こした。

そしてイギリスで人気絶頂の最中の81年春、佐山に帰国命令がくだる。アニメとのタイアップで、実際に新日本のリングに「タイガーマスク」を登場させることが決まり、佐山に白羽の矢が立ったのだ。

佐山はイギリスでの過密スケジュールを理由に一度はこの話を断るが、新間に「1試合だけでいい」と説得され、3年ぶりに帰国することとなる。

「日本に帰国するのが嫌だったわけじゃないんです。それどころか、『早く日本に帰って格闘技がやりたい』と思っていたくらいですから。

ただ、『タイガーマスクをやってくれ』といわれた時は、意味がわからなかった。『ストロングスタイルの新日本で、タイガーマスクなんて、やっていいわけがない』と思ってたんです。だから、『本当にやっていいのか?』という抵抗感がありましたね」

佐山の心配とは裏腹に、81年4月23日、蔵前国技館で行われたダイナマイト・キッドとのデビュー戦は、日本のプロレスファンにすさまじいインパクトを与え、タイガーマスクは一夜にしてスターの仲間入りを果たす。

そして、この人気によって、「1試合だけ」のはずが、レギュラーで日本に定着することとなったのだ。

「それはもう会社の方針ですし、個人的な感情より、新日本のため、猪木さんのためにやっていました。そこに自分のためという気持ちはまったくなかったんです。『猪木さんのためなら死ねる』というような思いを、僕らが若手の頃はみんな持っていたと思いますから。その時は、猪木さんにいわれた『お前を格闘技の第1号にする』という言葉を信じてましたし……」

新日本にいても格闘技はできない

しかし、新日本が格闘技をやるという話は、その後も一向に聞こえてこなかった。

佐山が海外遠征に出た1978年は猪木の異種格闘技路線の真っ只中だったが、それは80年2月の猪木vsウィリー・ウィリアムス戦をもって一旦終了。80年代の新日本は、WWF（現・WWE）との提携による豪華外国人レスラーたちを交えた、華やかなリングに様変わりしていた。

ファン層もタイガーマスク目当てのちびっこファンが大半を占めるようになり、殺伐とした格闘技は必要とされなくなってきていたのだ。

「僕はメキシコに行っても、イギリスに行っても、そして日本に帰ってきてタイガーマスクになってからも、猪木さんの『お前を格闘技の第1号にする』というその一言を信じてやっていましたから。『いつかは格闘技を』という思いで、プロレスをやってきていたんですよ。

でも、タイガーマスクを始めて1年ぐらいして、『俺は新日本にいても、格闘技はできないんだな』と完全に気づいてしまったんです。あの頃はもう、新日本はプロレスブームの真っ只中で、興行優先、視聴率優先、とにかく派手なことをやってくれ、みたいな感じになってしまっていた。興行会社として当然のこととは思いますが。

そして肝心の猪木さんも（個人的事業である）アントン・ハイセルの資金繰りで手一杯で、病気

(糖尿病)でもあったし、僕が格闘技をやる話なんか、おくびにも出せない状況。そして、僕に求められてるのは、とにかくタイガーマスクであることだったので、『ああ、格闘技をやるのは、もう無理なんだな』と、気持ちがサーッと引いていってしまったんです」

こうして佐山のストレスは限界に達しつつあった。

「そういう状況が続くと、プロレスに対して誇りが持てなくなってくるんですよ。『俺はなんのためにやってるんだ?』って。しかも新日本に内紛(クーデター)が起きて、嫌気が差してしまったんです。『もう名声も何もいらない。これからは自分のやりたい格闘技を、自分の手でイチからやっていこう』とね」

そしてタイガーマスクは、83年8月4日の寺西勇戦を最後に、人気絶頂のまま、突如として新日本を去った。

「僕はタイガーマスクをやめる時、『プロレスのために(新日本を)辞める』っていったんですよ。このままじゃプロレスがダメになると思ったから」

それまで佐山は「新日本プロレスのために」「猪木さんのために」タイガーマスクとして闘い続けたが、皮肉にもタイガーの人気が爆発することで、新日本からストロングスタイルが薄れ、金銭的な問題も引き起こした。だからこそ、佐山はあの時タイガーマスクを自ら葬り去ったのだ。

ただし、新日本を去っても、猪木に対して後ろ足で砂をかけて出ていくことだけはしなかった。新日本を電撃退団した1カ月後、83年9月に猪木の自宅マンションを訪れ、辞めることになった一部始終を猪木に話したのだ。

「あの頃、新日本にクーデター事件というのがありましたけど、僕もそっちサイドに誘われたんですがお断りしたんですよ。その人たちは僕にとって先輩で、猪木さんは僕の先生。どちらを取っていいのかわからなかったから、そこには加わらなかったんです。

ただ、最後に（クーデター側の人たちから）『俺たちは絶対にやるから、このことは黙っていてくれ』っていわれたので、ずっと守ってたんですよ。

それから僕は結婚問題などもあって先に新日本を出ていくことになって、そのすぐあとにクーデター事件が起こったので、連動しているように思われたんですけど、全然違うんです。

しかも、クーデターをやった人のなかで、それが失敗すると、まるですべては僕が仕掛けたことのように週刊誌で話していた人がいたんですよ。それを聞いて僕は頭にきて、猪木さんに本当のことを全部話したんですね」

こうして猪木の誤解は解くことができたが、新日本を辞める佐山の決意が変わることはなかった。

「猪木さんからはやさしい言葉をかけていただいた気がするんですけど、その時、僕は『若い頃に猪木さんと話していた総合格闘技がやりたい』ということをハッキリといったんですね。

それ以降は、引き止めのようなものはありませんでした。猪木さんにも、僕の決意が固いことをわかっていただけたんだと思います。あの時の僕は『これでようやく総合格闘技ができるぞ』

という気持ちだけでしたから」

〝猪木イズム〟はプロレスでも格闘技でもない

こうして師弟は別々の道を歩んでいくこととなったが、その道が13年後に再び交わることとなる。

佐山が新日本を辞めたあと、文字通り心血を注いできたシューティング（修斗）から離れることとなり、そのタイミングで世界格闘技連合（のちのUFO）を発足させた猪木と、合体を果たしたのだ。

「あの時は、最初は猪木さんではなく永島（勝司・元新日本取締役）さんか誰かから『新日本に出てくれ』という話が僕のとこに来たんですよ。それで新日本との付き合いがちょっとあって、そのまま自然に猪木さんとくっついたという感じでしたね。

それでUFOというものを始めるんですけど、そこで僕は格闘技をやるつもりはまったくなかったんです。猪木さんが当時のプロレスを嫌っていて、僕もその気持ちがわかったので、『これはなんとかしよう』ということで始めたものでしたね」

UFOは、猪木が新日本から〝格闘技部門〟として切り離してできた団体ではなく、プロレスをストロングスタイルに戻すべく生まれたものと佐山は認識していた。

「僕はそういう発想だったと思っているんですけど、猪木さんはもっと大きなことを考えていたのかもしれないので、そこの認識はちょっと違ったかもしれない。ただプロレスに対しては同じ方向を向いてるのは間違いないんですけどね。

UFOはやっててすごく楽しかったんですよ。小川（直也）もいいキャラクターでしたし、猪木さんを含めて3人でいろいろやるのが、お互いに仲間として楽しかったんです」

しかし、当初あったUFOという団体に対する認識のズレが、徐々に大きくなっていってしまう。

「僕はもともとUFOで格闘技とプロレスをくっつけるのは反対でした。だから、今僕はリアルジャパンプロレスをやっていますけど、自分が将来やろうとしている格闘技とは完全に切り離しています。

もちろんプロレスは素晴らしいもので僕は誇りを持っているんですよ。リアルジャパンも大事な僕の母体で、それはそれでしっかりしたものをつくっていかなければと思うんですけど、それと格闘技はまた別の話なので」

99年1月4日、新日本の東京ドーム大会で、小川直也が橋本真也を一方的に潰す、いわゆる〝1・4事変〟が起きる。

この事件で小川が〝暴走柔道王〟として一躍時の人になると、猪木は小川のPRIDE参戦を画策。これに対し、佐山が反発したことで、両者は再び袂を分かつことになったとされているが、佐山自身はこれを否定する。

「僕がUFOを離れた理由は、そんなことじゃないですね。これはいえないですし、いうつもりもありません。ケンカ別れと思われた方もいたかもしれませんが、尊敬する師匠ですからね。離れていても、師匠は師匠なので、その関係性や思いは変わらないと思います」

佐山がUFOを離れてから早20年が経った。

その間、猪木が主宰するIGFに初代タイガーマスクがセミレギュラーとして参戦するなど、関係はすでに修復されている。

「猪木さんとは、もう数年会ってません。ただ、心は通じ合っていると思っています。もちろん今も尊敬していますからね」

佐山の心の中には、今もまだ自分が若手だった頃の70年代のアントニオ猪木の姿があるという。

「あの頃、僕も含めて新日本のレスラーの多くは、『猪木さんのためなら死ねる』と思っていたはずなんですよ。そういう人でしたし、そういう時代でした。

なぜ、そう思えたかといえば、やはりプロレスに対する姿勢でしょうね。あれだけリング上で観客を魅了しつつ、セメントもできる。そこが尊敬できたし、ああいう思想をつくりあげたプロレスラーって、世界を見渡しても他にいないと思うんですよ。

そういう意味では、猪木さんがやっていたことは〝プロレス〟ではないかもしれない。ただ格闘技でもないので、あれは〝猪木イズム〟という独自のジャンルだったと思うんです。そこがわからないと、猪木さんのこともわからないでしょうね。

だから、僕は『タイガーマスクとは猪木イズムの結晶です』というんですよ。プロレスでありながら、ガチガチのセメントを叩き込む、あの世界の中でしか生まれなかったものなんです。

そういう猪木イズムという姿勢、思想を多くの人に浸透させたアントニオ猪木という方は、本当にすごい人間ですよ。今になって、改めてそう思いますね」

©Essei Hara

証言

前田日明

「クソほど度胸のある猪木さんは、生粋のギャンブラー」

取材・文●井上崇宏
撮影●タイコウクニヨシ

PROFILE

前田日明

まえだ・あきら●1959年、大阪府生まれ。77年に新日本プロレス入門。将来のエースを嘱望され、イギリスに「クイックキック・リー」のリングネームで遠征。第一次UWFに参加したのち、新日本にカムバックしたが、87年11月の「長州力顔面蹴撃事件」で解雇される。88年、新生UWFを旗揚げし、一大ブームを巻き起こす。分裂による新生UWF崩壊後の91年にリングスを設立。99年2月、アレクサンダー・カレリン戦で現役を引退。現在はリングスCEO、「THE OUTSIDER」プロデューサーなど幅広く活躍中。

「ゴッチさんは猪木さんのことをこういってたんだよね。『イノキ・ハヴァ・サノバビッチ・ガッツ』。とんでもない土性骨《どしょうぼね》のあるヤツだってね。俺もそう思う。猪木さんほどハートの強い人はいない」

前田日明が新日本プロレスに入門したのは1977年。アントニオ猪木と〝接点〟を持ち始めてから42年になる。大阪で空手の稽古に明け暮れていた高校時代、佐山聡との出会いから新日本にスカウトされた。当時、新日本の営業本部長にして猪木の右腕だった新間寿は、「うちはモハメド・アリのジムと提携をしているから、しばらくうちで鍛えてからボクシングのヘビー級チャンピオンを目指せばいい」といって前田を口説き落とした。というのも、前田は当時、プロレスに強い興味を持っていなかったからだ。前年の76年に行われた格闘技世界一決定戦、アントニオ猪木vsモハメド・アリ戦もごく当たり前のようにアリの勝利を予想していた〝打撃系〟の少年だったのである。

しかし、猪木といえば、日本国民のほとんどが知るプロレスのアイコン的存在。少年時代は猪木をどのように認識していたのか？　前田によるプロレス原体験の懐古はとても新鮮なものだった。

アントニオ猪木の「キーロック」

「まず、67年に『週刊少年キング』で『柔道一直線』の連載が始まって、翌68年に『ジャイアント台風』っていうジャイアント馬場の半生を描いた連載漫画がスタートした。その辺を読んでいたら69年に今度は『少年画報』で沢村忠の物語である『キックの鬼』も始まってさ。『わーっ、すげえな！』って思いながら読んでいて、そうやって当時の男の子たちは自然と格闘技というものを浴びせられて育ったというか、すごく豊潤な時代だったよね。

それらと同時期に『タイガーマスク』もあって、『プロレスもすごいなあ』と。やっぱりマンガだから、現実感よりも、のりしろのある想像の世界のほうが読んでいて面白いでしょ。だから『キックの鬼』のような実在の沢村忠にはなかなか想像を乗っけられないことがいっぱいあって、そういう部分に不満気味だった子たちは物語が欲しくて『タイガーマスク』にいったんだよ。

だけど、主人公が養護施設出身で、ミスターXっていうシルクハットのオッサンが出てきて、俺は子供ながらに『クセえ展開なのかな』って思ったんだけどさ。それはそれで『もうちょっと現実感がある夢を見させてくれよ』ってね。だけどそれからだんだん面白くなっていって、わりと夢中で読んでいたんだよね。

アントニオ猪木というのはジャイアント馬場と一緒で、マンガの『タイガーマスク』に出てくるプロレスの若き実力者。そもそも小学校低学年くらいの時はテレビで日本プロレスの中継も観ていたから、もちろん実在する人物だということも知っていたよ。フリッツ・フォン・エリックが来日してさ、鉄の爪でガーンとやったら相手のこめかみからバッと血が出てきてあれはすごかったね。『これ、頭蓋骨が割れてんのかな……』ってね。それと腹にやるストマッククローにしても、周りは『あれは本当に胃袋を掴んでるんだよ』っていっていて、実際にテレビで観ていたらお腹から血が出てたしね。『おいおい、腹から血が出てるで！』って。すごかったよ。デストロイヤーの足4の字固めとかさ、アントニオ猪木とジャック・ブリスコのキーロック合戦なんてのもあって、翌日は学校で友達とキーロックの応酬を真似してやったりしてた。4の字固めとキーロックは学校ですぐに真似したね。

神谷くんっていう友達がいてね、雪印乳業の販売代理店をやっている牛乳屋の息子でコイツがプロレスにめっちゃ詳しくてさ。カール・ゴッチだ、ダニー・ホッジだって海外の有名・強豪レスラーの名前をそらでいえるようなすごい子で、その神谷くんと遊び仲間だったから、朝から晩まで自分が知っているプロレスの知識を俺にずっとしゃべってるんだよね（笑）。俺は神谷くんの解説をずっと聞いてたからさ、『プロレスってそんなにすごいんだな』と思ってね。『ジャイアント台風』にも、フリッツ・フォン・エリックは握力が200キロってあるんだけど、さらにアイアンクローを強化するために自宅の庭に体長4メートルのクロコダイルを飼っていて、そのクロコダイルの体にいつもクローをやって鍛えてるんだとかってシーンが出てきて、『へえ、そうなんか！』って。『ジャイアント台風』はエリックが来日してくるタイミングに合わせてそういうエピソードを持ってきたりしていて、日本プロレスとはうまくタッグを組みながらやっていたんだよ。

アントニオ猪木のことも、そういう怪物たちのいるプロレスの世界にいるんだから、当然すごいなあって思っていた」

「猪木さんが俺らに『カール・ゴッチにかぶれすぎた』って」

マンガとプロレスに夢中になっていた、まっとうな少年時代を過ごしていたのは、前田が兵庫県姫路市に住んでいた6年間だけの話。のちに両親が離婚、父親とともに生まれ故郷である大阪に戻ってからはすさんだ生活を送ることになる。父親が韓国にも家庭を持ち、2、3カ月家を空けることはざらで、その間の生活費は1、2万円程度。家庭のぬくもりなどない家で、インスタントラーメンを主食とし、ホームレスの炊き出しに並んだこともある。友達もいない。そんな時に出会ったのが空手だった。

「高校に入って空手を始めてからはもうプロレスだの何だのっていう要素は自分の中にはなくなっていて、とにかく夢中になって稽古していたんだけど、ちょうど猪木さんが格闘技世界一決定戦だ、異種格闘技戦だってやっていたからプロレスとはまだリンクする部分があったんだよね。

猪木vsアリ戦が行われたのは、俺が高3の時。空手仲間の間でもよく話題にのぼっていて、俺はアリも大好きだったから、アリが一発でノックアウトするんやろうなと思ってたよ。だけど、それよりもまず、アリは世界的なスーパースターだからこんなことを本当に実現できるんかっていうのがあったよね。さらにいえば、アリと試合をやるっていうアントニオ猪木に対して、なんて勇気がある人だと思った。負けたらすべてを失うわけだし、わざわざそんな闘いをしなくてもいいのにやる。のちに俺らがＵＷＦを始めた時、猪木さんは俺らのことを『カール・ゴッチにかぶれすぎた』なんていってたんだけど、当時の猪木さんも思いっきりゴッチさんにかぶれてたんだよ、絶対に。

でも、空手にかぶれていたことがきっかけで、猪木さんの率いる新日本に入門することになるなんて、つくづく奇妙な人生だよね。しかも『アリのジムとパイプがある』っていわれたら、18歳の少年には『よろしくお願いします』以外の答えはないよね。

ちょうどその頃、コング斉藤っていうおかっぱ頭の日本人ヘビー級ボクサーがいたんだよ。アメリカで修行した逆輸入ボクサーっていう触れ込みでＴＢＳがゴールデンタイムで試合を放映したんだけど、腹のぼてっとした黒人ボクサー相手に2ラウンドでノックアウト勝ちとかやってるんだけど、とんだまゆつば物で、『こんなんだったら俺がボクシングやったらもっと強くなれる』って思ったんだよね。ベニー・ユキーデも日本のキック界に挑戦だって盛りあがっていたし、時代背景としては俺をヘビー級のボクサーにするっていうのはとても現実味のある誘い文句だったんだよ。

それで高校を卒業した77年の7月7日に新日本に入門したわけだけど、やっぱりアントニオ猪木は雲の上の人ですよ。アリ戦をやった翌年で、苦労しながらもなんとかアリ戦を実現させたにもかかわらず、世間の評判は芳しくなかったと。その舞台裏にはいろいろと外にはいえない情報があって、新日本内部の人間はこういう事実をいいたい、ああいう事実をいいたいっていうフラストレーションみたいなものが渦巻いていたんだけど、口止めをされているからいえないみたいなね。そういったことを知れば知るほど、黙して語らない猪木さんのことをどんどん尊敬して、『ここでがんばって練習しよう』と思いながらやっていたよね。

あの頃の猪木さんって普段はあまりしゃべらないんだよ。今でこそ『元気があれば何でもできる！』とかあんなバカな冗談をいってるけど、全然しゃべらないの。だから、藤原（喜明）さんは猪木さんのことを『自閉症だ』っていってたんだよ。俺はそこで初めて自閉症っていう単語があることを知ったからね。何のことかわからなくて国語辞典で調べたもん。

それで俺が入門してわりとすぐに佐山（聡）さんが『格闘技大戦争』（77年11月14日・日本武道館）に参戦することが決まって、マーク・コステロ戦に向けて練習するっていうので、急きょ佐山さんが務めていた猪木さんの付き人を俺がやることになってね。だけど、洗濯だマッサージだって全然やったことがない人間がいきなりアントニオ猪木の付き人をやらされてね、わかんないじゃん。それで生乾きのままのジャージを猪木さんのところに持って行ったりとかさ、おろしたての真っ赤なジャージを洗濯したら色落ちして、一緒に洗っていた真っ白なTシャツをピンク色にしちゃったりだとかして。それでも猪木さんは何もいわないし、怒らないんだよね。巡業中、前の日に『朝走るぞ！』っていわれていて、俺が寝坊して行っても怒らないしさ。何もいわない

んだけど、たしかに機嫌がちょっと悪くなってるなっていうのはわかるんだよ」

「〝舌出し事件〟の時、俺が猪木さんの代わりに担架に乗った」

高校を卒業してから1年も満たない間に猪木の付き人を務めることとなり、巡業の終わったオフの日も猪木の自宅に通ってマッサージをしていた前田。どんなミスを犯しても絶対に怒らない猪木に対して、前田は日に日に尊敬の念を抱いていったという。それと同時に道場で選手を集めて「今プロレスがアメリカンスタイルのショープロレスのような流れに向かっているが、新日本は競技としてのプロレスに持っていく」と語っていた猪木の姿も見ていた。

「だから今の新日本が、猪木さん本人が思っていたようなゴールだったかというと俺は違うと思う。だけどやっぱりアントン・ハイセルが足かせになったんだろうね。ハイセルによって夢を追いかけた分、借金地獄に陥って、いろんな予定が狂った。自分も食っていかなきゃいけない、選手や社員も食わせなきゃいけないしっていうので、無念だったと思うよ。ひょっとしたらハイセルは、競技化した新日本の土台を支える資金源だったのかもね」

アントン・ハイセルとは80年に猪木がスタートさせたブラジル政府を巻き込んだ国際的なプロジェクト。サトウキビの搾りかすを有効活用してバイオ燃料として使用することにより、世界中のエネルギー問題、食糧問題を解決するというものだった。この事業はわずか数年で破綻し、のちに数十億円の負債を猪木は抱えることになる。

いち若手レスラーにすぎなかった前田は、その大きな体躯を買われて次代のエース候補と期待され、82年2月に修行でイギリスに渡る。そしてわずか1年足らずでビル・ロビンソンも巻いていたヨーロッパ・ヘビー級王座のベルトをハクづけするかのように獲得し、翌83年4月に帰国。5月より開幕した「IWGP決勝リーグ戦」には「欧州代表」として大抜擢。しかし、その第1回IWGPの優勝戦で優勝鉄板と目されていた猪木がハルク・ホーガンのアックスボンバーで失神KO負けという〝事件〟が起きてしまう。

「猪木さんが舌を出して動かなくなった瞬間は、『あっ、まずい！』と思ったんだけど、そこで一応みんなの反応を見たんだよね。そうしたら藤原さんだけが『またやってるな』っていう顔をしてたから『あっ、そうなんだ』と思って。だけどまあ、若手なりに慌てたふりをしてね。

試合後に会場内で選手全員が集まって話をしたんだよね。その場に猪木さんもいたような気がするんだけど、ちょっと記憶が曖昧だね。それでマスコミや関係者の目の届くところでは俺が猪木さんの代わりに担架に乗ったんだよ。山本（小鉄）さんから『前田、お前が代わりに乗れ！』っていわれて。そんなことがあったね。今思い出したよ。

だから坂口（征二）さんが翌日、猪木さんにだまされたといって〝人間不信〟と書いたメモを事務所の机に置いて出て行ったという話も聞いたけどさ、その会場でみんなで集まって話をしていた時に坂口さんもいたからね。だからあのオッサンも頭が悪いなりに周囲に対して演技してるんだよ。あそこで猪木さんが何を目的として失神したふりをしたのか俺にはわからないけど、ただ、ああやって身内すらもあざむいて事件を起こすっていうやり方には俺も影響を受けているよね。

そうこうしてるうちに今度は佐山さん（タイガーマスク）が引退をすると。その辺のことに関して俺は全然わけがわかっていないんだけど、どうやらアントン・ハイセルのせいで新日本から大金が流れていると。だけど燃え盛っている焚き火にお金をボンボン放り込んでるようなもんでしょ。

新日本は大ブームで選手にしても休みなしで30連戦とかやってもうヘトヘトになっていてさ。それですべて会場が連日超満員でね。いちばん多かった年で年間230試合くらいやったのかな。それで『これはみんなのギャラも上がるぞ』ってなってたんだけど、ハイセルでそれどころじゃなくて『会社に20億円くらいあるはずなのに500万円もないらしい、アントン・ハイセルのせいだ』って噂話が立ってね。これは誰のせいなんだ、猪木と新間だと。そこに佐山さんのマネジャーをやっていたショージ・コンチャとかも乗っかって大混乱みたいなね。だから佐山さんが引退した時はショージ・コンチャっていう人間が胡散臭いというのがちらほら見え始めていた頃だから、『だまされなきゃいいのにな』って思ったけどね。

あの頃の猪木さんは借金でどうしようもなく首が回らない時期だった。新宿にゴルフの会員権を専門に売買している会社があって、その社長の家に猪木さんと新間さん、俺ら選手何人かで行ったことがあるんだよね。そうしたら俺らの前で猪木さんがその社長に罵倒されているわけだよ。お金を借りていたんだろうね、猪木さんは何も言い返すことなくずっと黙っていて。それを見て『やっぱり大変なんだな』と思った。

当時は新日本バブルの真っ最中で、それで20何億円の借金があるとかいってたから、日割り計算でも利子が500万円、600万円つくっていう話で、そんなの毎日巡業をやっていても追いつかないよ。だから今考えたら、とにかく猪木さんって気持ちが折れないんだよね。そんな状況でも、どっかからカネを引っ張り出そうとしてるんだよ。そりゃ借金は返さなきゃよくないんだろうけど、あの絶対に折れない気持ちの強さは本当にすごいと思う」

猪木批判はアドリブの〝アングル〟

将来を嘱望されていた前田だが、84年2月に新日本を離脱してユニバーサルプロレス（第一次UWF）の旗揚げへと向かう。UWFのエースとして活動をしたが、わずか1年半で経営危機に陥り団体は崩壊。85年12月、新日本への復帰を果たすが、自分をUWFに行かせたのは猪木の指示であったとし、猪木新日本に対して徹底抗戦の構えで不信感を露わにする。曰く、「アントニオ猪木なら何をやっても許されるのか！」。しかし、この対立は自身による演出であったと後年、前田は語っている。

「プロレスという人の注目を集めてなんぼの世界にいて、切符を売って飯を食っているわけでしょ。自分を売る場所＝いろんな人間との関係を売るわけで、その関係性を材料にしてね、見破られずに話を進めていく。『これはどうなるんだろう？』って思わせて観に来てもらわなきゃいけない。そこで俺がやるべきことはアントニオ猪木批判だった。猪木さんとの示し合わせもないよ。全部アドリブだよ。

むしろ仕掛けてきたのは新日本のほうなんだよ。アンドレ（・ザ・ジャイアント）戦（86年4月29日・三重県津市体育館）にしろ（ドン・中矢・）ニールセン戦（86年10月9日・両国国技館）にしろ、ハッキリいってだまし討ちだよ。

ニールセンの時はどんな試合になるのか俺は全然聞いていなかったからね。1ラウンド目に『これ、何をしたらいいんだろうな？』と思っていたら、向こうは本気で打ってきているなと。そうしたらいきなり左のパンチがボーンと来て。打たれるとわかっていて打たれるならいいんだけど、ああいう不意打ちだとモロに効くんだよね。新日本はアンドレ戦、ニールセン戦と2回もそういうことをやっているでしょ。それで俺に対して引け目があったから『あいつ、絶対に復讐してくるんだろうな』って思っていたんだろう。

長州さんの顔面を蹴ってクビになったのもそういうこと。出場停止中に猪木さんに呼び出されて代官山のバーに行ったら、猪木さんと倍賞美津子さんがいて、猪木さんがワイルドターキーかなんかをロックで飲んでいて。その時に『お前、どうするんだ？』って聞かれて、俺は『あれ？』と思ったんだよね。猪木さんがそういうってことは、新日本のみんなはこれをアングルにしようと思っていないんだなと。だって長州さんが俺の蹴りで重体になったとかっていう話じゃなくて、眼窩底は折ったかもしれないけど、ちょっと目が腫れましたっていうくらいでなんでそうなるのっていう。

それで結局、新日本を解雇されて。猪木さんとまた接点を持ったのは、船木（誠勝）と鈴木（みのる）がUWFに移籍してくる時かな。4人で会ったんだよ。でも、その時はすんなりと話が進んで、『それだったら2人を頼むぞ』『はい、わかりました』と。俺は猪木さんから何だかんだいわれるのかなと思っていたから拍子抜けした記憶があるんだよね。

その時、俺が猪木さんに対して不審に思っていたことを追及していたとかって船木と鈴木はいうんだけど、それは若かったあいつらが自分たちの印象だけでしゃべってるんだよ。猪木さんはあまり自分からしゃべってくる人じゃないから、話の掴みの段階でそういう会話でもしたら乗っかってくるなと思って軽く話したら、『わかったからちゃんと面倒をみてくれよ』っていう話になって本当に拍子抜けしたんだから。そんな、本気で追及なんてことを俺が猪木さんにやるわけがない」

アンドレ戦後に猪木が「あれでいいんだよ」

試合中に長州力の顔面を蹴り、右前頭洞底骨折という全治1カ月の重傷を負わせたとして、前田は88年2月1日に新日本を解雇される。その後はご存じの通り、新生UWF旗揚げ、そしてUWF解散後はたった1人でリングスを誕生させて、世界規模での格闘技ネットワークを構築していく。猪木が引退した翌年の99年2月21日、アレクサンダー・カレリン戦で自身も現役を引退した。

猪木と完全に袂を分かっていた10年。だが、猪木が引退後に出版した『猪木寛至自伝』には「後継者には前田を考えていた」との記述があった。

「猪木さんの引退試合には花束を持って駆けつけて、『自分もアメリカに行くので一緒に刀をつくりましょう』といった。俺がカレリンとやる前に山本（宜久）と試合をした横浜アリーナには猪木さんが来てくれたので貴賓席を用意してね。あとで猪木さんと一緒に観ていた人に聞いたら、猪木さんが試合中ずっと両手をゆらゆらとゆっくり回していたから『何をやってるんですか？』って聞いたら『今、ここにはいい〝気〟が来てるから吸収してるんだ』といってたって（笑）。

俺が猪木さんに後継者と目されていたなんて、猪木さんからも、周囲の関係者からも感じたことはまったくないね。現役中は猪木さんが自分のことをどう評価してるかなんて全然わからない

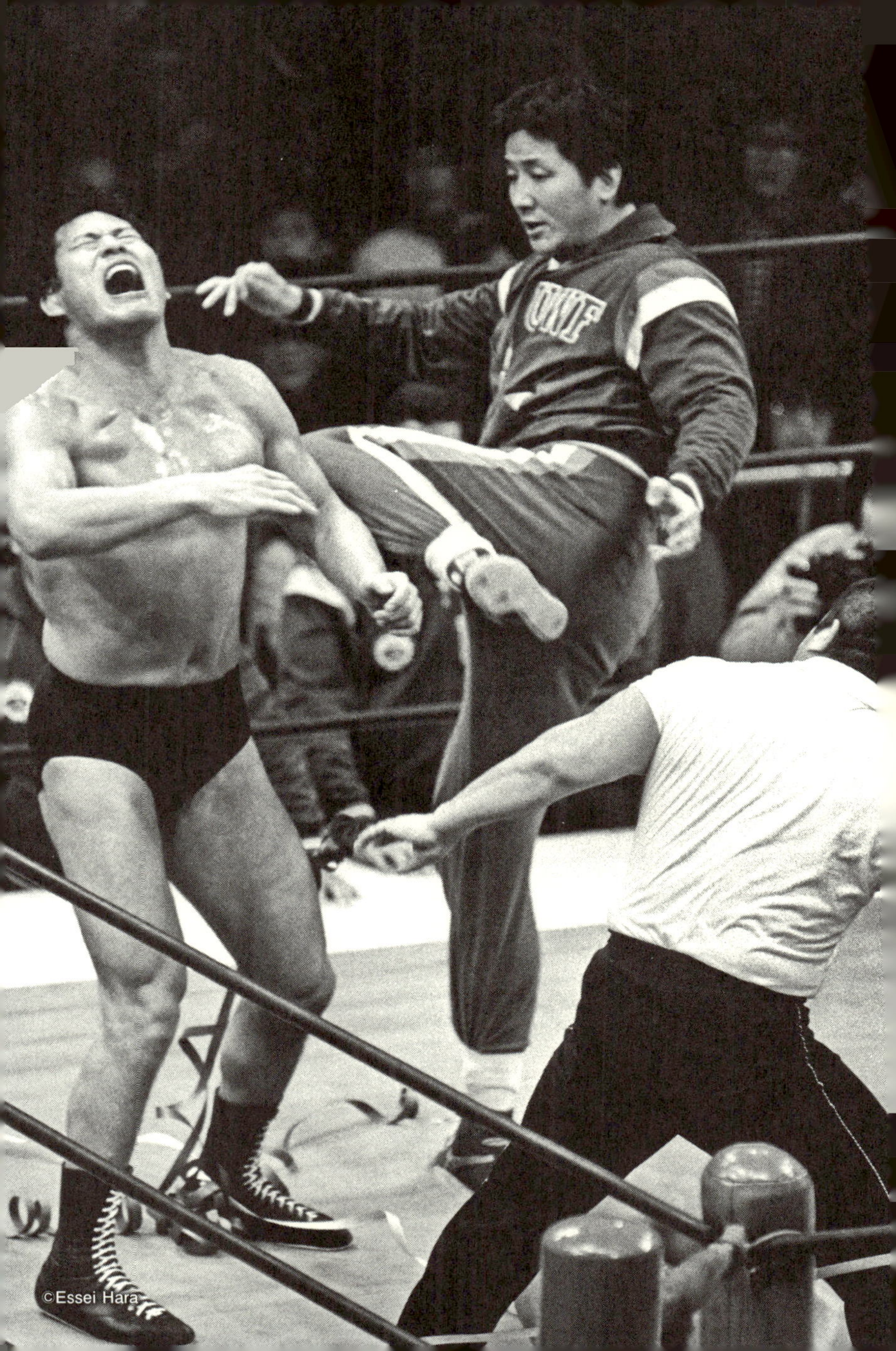

©Essei Hara

から。アンドレ戦が終わって控室に戻ってきた時、俺は『猪木さんにまんまとはめられたな』と思っていたんだけど、その時に猪木さんがすげえうれしそうな顔をしてやってきて、『よくやったな。あれでいいんだよ』っていうから『あれ?』と思って。もし後継者云々で思い当たる節があるとしたらそういう部分かなと。

レスラーって、言うだけ番長が多くてさ、内弁慶で仲間内では強いけれど、外に出たらさっぱりダメみたいなね。長州力だってえらそうなことをいってるけど、レスリングの福田(富昭)会長がウィレム・ルスカを猪木さんと試合する前に新日本の道場に連れてきて、『誰かルスカとスパーリングをやってよ』っていったんだけど、長州力とかみんないるのに誰も手を挙げなかった。それでしょうがないから藤原さんが『じゃあ、僕がやりましょう』っていってやってね。ダメだよね、そんなのは。

おそらく猪木さんが俺のことを後継者にしようと思っていたっていうのは、もっとあとの話だと思うよ。UWFが3つに割れて俺だけひとりぼっちになって、『あいつ、どうするんだろう?』っていわれていた時、俺は世界中から無名のアマチュアの猛者《もさ》たちをいっぱい連れてきて、リングスでわっさわっさとやり出したでしょ。そういう部分に自分がやってきたことと重なる部分が猪木さんにはあったんじゃないかな。それで俺の名前を出したっていうのが正解でしょう」

「UWFはA・猪木に代わってプロレスの答えを出す場だった」

「アントニオ猪木の後継者というのは、いわゆるリング上でのスタイルだとか、新日本をどう動かすかとかそういうことじゃなくて、土壇場まで追い詰められて孤立無援になってもやっていける人間、あるいはプロレス界全体を背負ってやるっていう気概を持っているかどうかってことだと思うからね。

髙田（延彦）がヒクソン（・グレイシー）に負けた時（97年10月11日）、猪木さんが『よりによっていちばん弱いヤツが出て行った』っていったでしょ。そりゃ猪木さんならそういうよなと思ったよ。現役時代、あの人にはそういう度胸があったからね。あの試合は誰がどう観ても髙田はビビってたんだよ。スタンディングからグラウンドに行く過程でも、やられるがままで抵抗しないんだよね。目も泳いでるしさ。リングサイドで観ていて『コイツ、何考えてるの？』って。

余談だけど、あの試合を見終えたあと、俺は頭にきてカッカしていたんだよね。そうしたら巨人の元木（大介）とかがいるのが見えたんだよ。元木が頭を金髪に染めててさ、『なんだこの野郎』と思って蹴っ飛ばしてやろうかと思ったら山本（宜久）が『前田さん、まあまあ。行きましょう』って。それでドームから帰ろうと思ったら、前からまた金髪頭のヤツが歩いてきて、『なんだコイツもか？』と思ったら高橋義生だったっていうさ。なんかあの夜は金髪頭を見ただけで頭にくるくらいカッカしたんだよね。

猪木さんがやったことを考えると、あの人はやっぱり度胸があるんだよ。プロレス界でもいちばん度胸があったんだよ。アリ戦もそうだし、ルスカ戦もそうだし。アクラム・ペールワン戦の時だって猪木さんが勝ったからって、あとから『ペールワンなんて腹が出たオッサンじゃないか』っていうヤツがいるんだけど、当時、あの場所に行って6万人の観客全員が向こうの支持で、リングサイドには軍隊も鉄砲を構えて立っている。そんな状況で闘うとなったら、みんなビビって負けて終わりか、敵前逃亡して恥をかくかの二択のみだよ。だから猪木さんは内弁慶じゃなくて、いつも外を向いてるんだよ。それで今のプロレス界もそうだし、俺らの世代を見渡してみてもダメだなって思うのは、全員が内側を向いてるんだよね。

猪木さんが引退後に自分の後継者は前田だといってくれたのは、UWFがアントニオ猪木に代わってプロレスの答えを出す場だったこと、その後、リングスでプロの選手が嫌がるアマチュアの強豪を世界中から引っ張ってきて、最後にはカレリンまで呼んできたこと。そういう外を向いて〝切った張った〟をやることができた俺に対して、近しいシンパシーを抱いてくれたんだと思います」

猪木が「お前は天下を獲ったことがあるのか？」

05年、新日本のオーナーだった猪木は自身の保有する株すべてをゲーム会社のユークスに売却し、72年に旗揚げした自らの団体から身を引くこととなる。リングスの活動を進めていた前田は遠目に見ながら、新日本は総合格闘技路線や猪木事務所の介入で迷走しているように見えていたという。

「やっぱり新日本というのは猪木、山本小鉄ラインでつくり上げたブランドイメージがあって、新日本は何を目指し、何をする団体なのか、どういう能力があるのかを自問自答しながらつくり上げた団体ですよ。それが結局は純プロレスに飲み込まれてしまったことが猪木さんからしたら我慢できなかったんだろうね。

俺たちがごそっと抜けてUWFに行ったことで、猪木さんの中でも『しまった』っていう気持ちがあったと思う。その穴を塞ぐために大学卒のアマレスのトップクラスの連中をいっぱい入れてみたんだけど、代わりにはならなかったんだよね。猪木さんも『コイツらはアマレスをちゃんとやってきたんだから強いだろう』と思ってリングに上げてみたんだけど全然ダメで。そりゃそうだよ。俺でさえリングスでひとりになって、ロシアとかに行ってアマレスのヘビー級選手とスパーリングするまで、俺らがやってきた技術が本当に通用するかどうかなんて全然わからないんだよ。もう出たとこ勝負ですよ。

サンボ連盟会長の堀米（泰文）さんと一緒に行ってさ、『どれがいいと思う？』って聞かれて、『これとこれですかね』っていったら、『じゃあ、スパーリングをやってみたら？』っていわれて、『えーっ⁉』と思ったんだけど、もうやらないとしょうがないからさ。で、俺なんかはそこでやってみていろいろと気づいたことがあるわけじゃん。

でも猪木さん自身にはそういう経験がなかった。度胸はクソほどあるんだけど、トップだからなかなか自分から出て行って腕試しができない立場だったんだよ。だから藤原さんが代わりにやって『社長、こういう感じですよ』っていう役割を果たしてきたんだけど、その藤原さんの役目をする人間すらもいなくなったんだよね。センサーというか解析機が新日本からなくなった。あのまま藤原さんとか俺が残っていたら新日本はもっと強くなっていたよ。本当は髙田にしても船木（誠勝）にしても、もっともっとのびしろがあったんだよね。

俺は猪木さんに1回忠告をしに行ったことがあるんだよ。猪木事務所が新日本とPRIDEを同時に相手していた頃、周りの連中みんながコレ（お金を着服）をやってたからさ。そのことを猪木さんにいいに行って、何をいわれるかと思ったら、いきなり『わかったよ。じゃあ、そういうお前は天下を獲ったことがあるのか？　天下を獲ってから俺にいえよ』っていわれてね。『えっ？』みたいな。猪木さんの腹の中では坂口征二もみんな嫌いなんだよね。だから『坂口さんみたいな人を新日本の社長にしたらダメじゃないですか』ともいったら、『わかってるよ』って俺にハッキリいったもんね。

考えてみたら昔から猪木さんって誰が何を考えて、何をやっているかとか全部わかってるんだよね。だけど、わかっていてもいわないんだよ。実の兄弟に対してもそうだし」

「俺は猪木さんがやろうとしていたことをすべて実現させた」

そして19年。アントニオ猪木は76歳、前田日明は60歳になった。

「奥さんが亡くなられて、今猪木さんは一人なんでしょ？　ちゃんと不自由なく生活しているのかな？　俺はいまだに猪木さんと面と向かって何かを話す自信がないんだよね。だからもし会ったとしても何を話すのか。

とにかく猪木さんには度胸があった。人生がギャンブル、生粋のギャンブラー。10年以上も何十億円という借金に追われていたのに、表には疲労困憊《こんぱい》している姿を絶対に見せなかった。だけどそのストレスは体にくるから糖尿は悪化した。

やっぱり猪木さんの根本って少年時代にブラジルに移住したことが大きいんだよね。昔、俺も糸井重里さんと一緒にテレビ番組の収録でブラジルに釣りをしに行ったことがあるんだけど、見渡すかぎりジャングルで、『猪木さんはこういうところで生活をしていたのか』と思ったんだよね。日本から家族全員のひと月分くらいの食料を持って、あとはなんの保証もない、現地調達で食料から水からってやるわけでしょ。そこには猛獣はいる、猛禽類はいる、5メートルのアナコンダみたいな蛇が普通にいる。そういうところで猪木さんは寝泊まりをしていたわけだよ。しかも中学生の年頃にね。そりゃ度胸がつくよね。

俺はアントニオ猪木の一番弟子だなんて自負はしない。だけど俺は新日本に入門して以降、アントニオ猪木からいわれたこと、そのままを引退するまでやったんですよ。そして猪木さんがやろうとしていたことをそのまますべて実現させたよ。バカ正直にね、全部やった。時には猪木さんと対立する場面もあったけど、子は親が間違っている時は物申してもいいんですよ。俺はアントニオ猪木の子供だから文句をいう資格がある。そのかわり第三者が親の悪口をいったら許さない。

今でもアントニオ猪木の悪口をいうヤツがいたら絶対に許さない。俺のスタンスはそういうことだよ」

「8・8横浜の一騎打ちで、僕は猪木さんを蘇らせた」

証言

藤波辰爾

取材・文●堀江ガンツ

PROFILE

藤波辰爾 ふじなみ・たつみ●1953年、大分県生まれ。71年に日本プロレスでデビュー。72年、アントニオ猪木が旗揚げした新日本プロレスに参加。日米を股にかけたジュニアヘビー級戦線でドラゴン旋風を巻き起こしたのち、長州力との名勝負数え唄で新日本黄金時代に貢献。IWGPヘビー級王座を6度獲得。99年、新日本の社長に就任。2006年に新日本を退団。現在はドラディションを主宰。息子のLEONAもプロレスデビューを果たしている。

アントニオ猪木に影響を受けた人間は数多くいるが、藤波辰爾ほど長い間、強い影響を受け続けたレスラーはいないだろう。

「僕は1970年に日本プロレスに入門したから、来年でプロレス生活50周年になるんだよね。ということは、16歳で猪木さんの付き人になってから50年ということ。信じられないくらい長い時間がたったけど、今でも風呂場で猪木さんの背中を流していた頃がつい最近のことのように鮮明に思い出されるし、歳を重ねれば重ねるほど猪木さんの存在っていうのは大きくなるね」

中学時代に猪木に憧れてプロレスラーを志した藤波は、日本プロレスに入るきっかけも、猪木との不思議な縁を感じさせるものがあった。

「プロレスラーになりたくて、日本プロレスに履歴書を何度も送ったんだけど、僕は体が大きいわけでもなく、格闘技経験もなかったから、返事なんか一向に来なかったんだよ。

でも、僕がラッキーだったのは、同じ大分出身の北沢（幹之）さんが別府にケガの静養に来ているっていうのを知って、何十軒もある旅館を渡り歩きながら北沢さんを探し当てて、そこでプロレス入りを直訴できたこと。しかも当時、北沢さんは猪木さんの付き人だったから、そこで猪木さんに近づく、最初の接点が生まれたんだよね」

北沢は、この見ず知らずのプロレスラー志願の若者に対し、「今度、下関で日プロの選手たちと合流するから、その時にみんなに紹介してあげよう。またおいで」と、やさしく言葉をかけてくれたという。

「だから、北沢さんが僕にとっての恩人なんだよね。それで下関から巡業に合流させてもらった時、北沢さんがいの一番に僕を猪木さんのところに連れて行って紹介してくれたんだよ。『コイツは同じ大分のヤツで、プロレスが大好きで猪木さんに憧れてプロレスラーになりたいっていうんで、よろしくお願いします』って感じでね。

猪木さんは『おー、そうか』っていう感じだったけど。その時、僕はもう直立不動でそこにいるだけで精一杯、心臓が飛び出そうになったね。

この時点ではまだ入門が許可されたわけではなかったんだけど、北沢さんは僕を巡業に連れて行く口実として、猪木さんのカバン持ちにしてくれたんだよ。馬場さんと並ぶトップである猪木さんのカバンを持っていたら、『なんだ、お前。帰れ！』とは、周りは誰もいえないからね。北沢さんがそういう既成事実をつくってくれたからこそ、当時70キロしかない僕が、なんとなく猪木さん付きの新弟子ということになれた。猪木さんと北沢さんがいたからこそ、僕はプロレスラーになることができたんだよね」

新日本旗揚げは、敵対する〝組〟が立ち上がるようなもの

当時、ジャイアント馬場との「BI砲」で、レスラーとして絶頂期にあった猪木。憧れ続けたスターと間近に接した感想を藤波はこう語る。

「怖かったね。別に怒鳴ったり殴ったりっていうのはないんだけど、存在自体が怖かった。もちろんあの頃だって、レスラー同士は和気あいあいとしてた部分はあったよ。だけど猪木さんはそのなかでも特別。あの人は常に孤独というかブレない。他の人たちは馬場さんを中心にしてひとつの輪になってたんだよね。だけど猪木さんはそこに染まっていなかった。だからある部分では猪木さんがそばに来るとピリッと締まるんだよね。道場に猪木さんが顔を出すと無駄口もなくなるし、なかには道場から出て行く人とか、来ない人とかも出てきたけどね（笑）。

当時の日プロは、日本テレビとNET（現・テレビ朝日）の2局で放送していたでしょ。だから、馬場さんが伝統の日本テレビのエース、猪木さんが新興のNETのエースとなって以降、日プロの内部がなんとなく、馬場派と猪木派に分かれるようになったんだよね。ただ、主流派はもちろん馬場さんのほう。猪木派というのは、テレビに出るような選手は山本小鉄さんただ一人。あとは僕も含めた若手や中堅の数人だけだった。それ以外全員が馬場派だったんだよね」

藤波は日プロに入門した翌年、71年5月9日にデビュー。相手は恩人である北沢が務めてくれた。ようやく念願のプロレスラーになることができたが、デビューの半年後、藤波の運命を変える大事件が起こる。

日プロ幹部の不正経理を糾弾し、社内改革に動いた猪木が「会社乗っ取りを謀った」として、71年12月13日に除名処分となり、日プロを追放されたのだ。

この時代のプロレス界、もしくは興行の世界はある意味、戦国時代や任侠の世界のようなもの。

親分が追放されたら、その子分も居場所はない。猪木派のレスラーたちも次々と日本プロレス離脱を余儀なくされることとなる。

「猪木さんが追放されたあと、他の選手は明らかに僕ら（猪木派）のことを違う目で見ていた。だから、猪木さんが解雇になってすぐ、小鉄さんも日プロを辞めたんですよ。いづらいというか、身の危険を感じるくらいの世界だからね。

吉村道明さんはかえって気をつかってくれて、『別にお前は気にすることはないんだぞ。ここにいればいいんだから』とはいってくれたんだけど、猪木さんはいないし、北沢さんも海外遠征中だったからいない。誰も頼る人がいなくて不安で心ここにあらずだった。そんな時、猪木さんの弟の啓介さんが僕を呼びにきたから合宿所を出る決意をしたんだけど、もう命からがらですよ（苦笑）。

僕は猪木さんのガウン、リングシューズ、練習道具などすべてを持っていたから、それをスーツケース4個に詰めて、いっぺんに持って逃げたからね。あれこそ火事場の馬鹿力。抜け出すところを先輩レスラーたちに見つかったら、半殺しだからね。だから、僕ら猪木派は円満に独立するとか、そういう感じはいっさいなかった。へんな話、当時の新団体旗揚げというのは、敵対する〝組〟が立ち上がるような感じすらあったからね。

それなのに猪木さんは、新団体旗揚げを決めたあと、よりによって代官山の日プロ本社の斜め前に新日本の事務所を構えたんですよ。そんなことやらなきゃいいのに（苦笑）。自分を追放した人間たちに対する意地だったんだろうね。

僕は日プロの合宿所を抜け出したあと、住む場所がなかったので、その事務所で寝泊まりしていたんですよ。そしたらある日、日プロのある先輩レスラーが何人か殴り込みに来てね。僕は奥の部屋にいたんだけど、事務所の社員に『今、出ていかないでください』っていわれて隠れていた。一般人である事務員には手を出せないけど、レスラーが出ていったらやられちゃうってことでね。それぐらいの緊張感があったんですよ」

日本プロレスによる妨害工作

猪木は日プロを追放された4カ月後の72年3月6日、大田区体育館で新日本旗揚げにこぎつける。しかし、日プロの妨害工作により、初年度は苦難の連続だった。

「まず、日プロがマスコミに圧力をかけたから、記者会見をしても記者が全然来なかったし、新日本の記事はスポーツ新聞にもほとんど載らなかった。また、プロモーターにも日プロから『新日本の興行を買ったら、うちは売りません』というお達しが行っていたらしくて、いっさい興行を買ってくれない。だから、新日本は自分のところで主催して興行を打つしかない状況がしばらく続いたんだよね。

それと同時に海外には、ＮＷＡなどを通じて新日本に協力しないように通達が行っていたから、外国人レスラーを呼ぶこともできない。唯一、猪木さんの師匠でもあるカール・ゴッチの協力で、ヨーロッパの選手を何人か呼ぶことはできたけど、アメリカの選手はまったく呼べなかった。とにかく、旗揚げ当初の新日本は、ないないづくしだったんだよね」

興行ルートも選手招聘《しょうへい》ルートもマスコミも、すべてを断たれて四面楚歌に立たされた猪木。それでも、新団体の雰囲気は決して悪くなかったという。

「あの逆境がかえって猪木さんや我々の力になったんじゃないかな。『そうはいかん！』というね。たしかに旗揚げシリーズは4〜5試合しか組めなかったし、最初の大田区体育館以外は、地方に行くと、観客も数えられるくらいしかいない。『これが天下のアントニオ猪木の旗揚げシリーズか……』と愕然とするくらいで、それがしばらく続いたんだけど、みんな必死だった。

猪木さんは自宅を僕らの合宿所に提供して、立派な庭はブルドーザーで更地にして半分手づくりで練習場を建ててね。そこで練習したあとは、我々レスラーも飛び込み営業をして、チケットを売って歩きましたよ。宣伝カーのウグイス嬢を猪木さんの奥さんである倍賞美津子さんや、姉の倍賞千恵子さんがやってくれたり、みんな『なんとか新日本を成功させるんだ』って燃えていたから怖くなかったし、お金も何もなかったけど負ける気がしなかった。そういう熱意がファンにも伝わっていって、少しずつお客さんが増えていったんですよ。

あの頃の必死な猪木さんの姿を知っているから、僕はなんか他の選手とは猪木さんに対する感覚が違うんだよね」

新日本全体の〝総合演出家〟でもあった猪木

その後、新日本は73年3月に、日プロから坂口征二が移籍してきたのと同時期にNETでの金曜夜8時のレギュラー放送がスタート。ここから猪木と新日本の人気は一気に上昇していき、70年代半ばには日本一の人気団体に成長していた。

「旗揚げして以来、新日本は『日プロに負けるな！』『全日本に負けるな！』『馬場に負けるな！』っていう感じで必死にやってきていたから、もう、2〜3年たったら完全に逆転していたよね。選手、社員の士気が違うんだもん。こっちは常に戦闘モードだから。

テレビ中継がある時は控室にもモニターがあって会場が映ってるでしょ。猪木さんはそのモニターをチェックするんですよ。それで少しでも空席が映っていたら『あそこに空席があるぞ！あそこを埋めろ！』って、お客さんを移動させたりして、テレビが映るところには空席はいっさいつくらないようにしていた。そのくらいテレビに対しても神経を尖らせてたから。

夜8時に放送が開始してからも、猪木さんはメインイベントに出るぎりぎりまで映像をチェックしてたんですよ。中継のカメラマンっていうのは、プロレス専門じゃなくて他のスポーツも撮っている人たちだから、我々選手からすると『なんであそこを撮らないんだ！』と思うことがあるわけよ。

そういう〝撮り漏らし〟をなくすために、猪木さんはテレビの中継車の中に入って、カメラを切り替えるスイッチャーとかカメラマンに『この画を撮れ！』って指示まで出してたんだよ。当時、そんなことをやってるレスラーは誰もいなかったはず。

それを今やっているのがWWEだよね。猪木さんはビンス・マクマホンより早く、それをやってたんだよ。それぐらい猪木さんのテレビに対する意識は高かった。だからこそ、あれだけの高視聴率が獲れていたんだと思うよ」

猪木は、演者としてメインイベントを張るだけではなく、新日本全体の総合演出家でもあったのだ。

その猪木の仕掛けは、当然、リング内にも及ぶ。82年の〝かませ犬発言〟からの長州力の造反や、84年の藤原喜明による雪の〝札幌テロ事件〟などは、今となってはどちらも猪木が長州、藤原を焚きつけて、引き起こしたものといわれているが、その当事者である藤波はそれらの事件をどう思っていたのであろうか。

「プロレスにおけるああいう事件は、個人が突発的に引き起こすということはありえない。誰かが仕掛けるからこそ起こるわけで、またその決定権が誰にあるのかを考えれば、その背景は想像できますよね。ただ、肝心なのは、その仕掛けを当事者にもいわなかったこと。だからこそ、本気の感情が出たし、それは大きな賭けでもあったと思う。あれがもし事前に『おう、藤波。今日はこういうことをやるからな』っていってしまったら、あれだけの殺気は出ないですよ。僕なんかはまったく知らないから、〝かませ犬発言〟の後楽園では、長州とガッチガチで殴り合ったわけだしね。

また、ああいう仕掛けというか事件をモノにできるかどうかもレスラーの器量にかかっている。だから俺と長州の試合がもし凡戦で終わっていたりしたら、抗争はそこで打ち止めだっただろうし、長州も元のポジションに戻るだけだったと思う。

おそらく、あれは長州にとってラストチャンスのようなところがあったんだろうし、だからこそ必死にやって、それをモノにしたことで、その後の長州があるんだよね。

それは藤原のテロ事件も一緒。あの時も、僕はまったく知らされてなかったし、自分の中でも大事にしていた長州との試合をぶち壊されたから頭にきて、突発的に『こんな会社辞めてやる！』っていって、裸のまま雪が降っている会場の外に出て、タクシーでそのままホテルに帰ってしまったんだから。

かませ犬事件にしても、札幌テロ事件にしても、いまだにファンの思い出に残っているというのは、それだけ俺たちも本気だったからこそ、記憶に深く刻まれたんだと思う。あれがもし台本があってやってたとしたら、ああはならないからね。

僕の性格を知ってて仕掛けたのか、長州の性格を知っていてやったことなのか、その辺がプロデューサーなんだよね。だって、俺がもうちょっと変に賢くて、それを軽く受け流せるような人間だったら、そこまでの事件にならなかったわけだから。あそこで『まあまあ、長州落ち着け

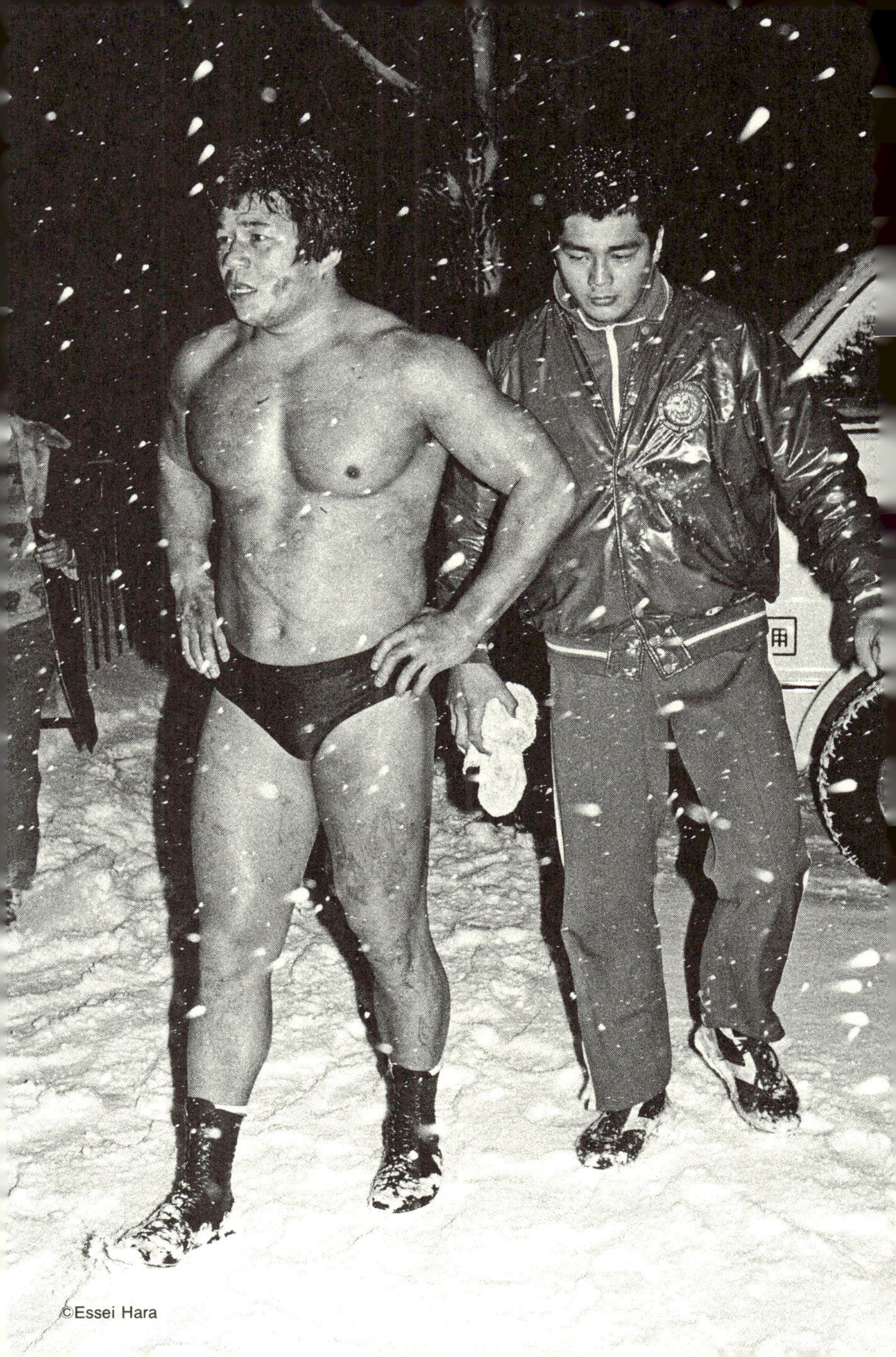
用

よ』ってやっていたら、そこで終わっていただろうからね（笑）」

「飛龍革命」の真相

かませ犬事件、札幌テロ事件とは逆に、藤波が仕掛ける立場となったのが、88年の〝飛龍革命〟だ。4・22沖縄、奥武山公園体育館での試合後、控室に戻った藤波は猪木に対して事実上のメインイベンター交代を直訴。「やれんのか、お前!」と顔を張った猪木に対して、強烈な張り手を返し、救急箱内にあったハサミで前髪を切り覚悟のほどを示したあの事件。当時の藤波にはどんな思いがあったのか。

「あれは僕の直感であり、沖縄でのあの感情はリアルですよ。あの頃、前田（日明）たちUWF勢がいなくなって、新日本が苦しい時期だから、何かを起こすしかなかった。別に猪木さん個人に対する怒りがあったわけじゃないし、本来、僕や長州の世代がもっと早く、トップに立って興行を仕切れるようになってなきゃいけなかった。だから、あの時は自分自身への不甲斐なさもあったし、長年、重荷を背負い続けてきた猪木さんを何とか楽にしてあげたかったというのが本音。

でも、僕らの世界では、会議室で猪木さんに相談して『僕らが代わりにやりますから、任せてください』なんていうのは通用しない。現場で既成事実をつくるしかないんですよ。それで、あいう行動に出たわけだけど、親分を殴っちゃったわけだから、どんな処分を受けても構わないぐらいの気持ちだった。

今振り返ると、なんであそこでハサミを出して髪を切るなんて、子供じみたことをやったのかなと思うんだけど。あれは自分の精一杯の決意表明。また、映像を見返してみると、自分でも何をしゃべってるのかわからないけど、感情があふれすぎて言葉にならなかったんだよね。それぐらい自分は本気だったから」

この飛龍革命の仕掛けが、88年8月8日、横浜文化体育館での藤波辰巳（現・辰爾）vsアントニオ猪木戦、60分フルタイムの名勝負へと繋がっていく。

「あの8・8横浜の猪木さんとの一騎打ちは、僕の長い現役生活のなかでも最も忘れられない、思い入れのある試合だね。

僕は、丸坊主の若手時代から猪木さんに仕えてきたから、あの試合では〝猪木さんに勝ちたい〟という気持ちももちろんあるけど、〝猪木さんを守りたい〟という気持ちと両方があった。だから勝てなかった悔しさより、あの試合で猪木さんを蘇らせた喜びがあったんだよ。あの日の猪木さんの動きを見て、『終わったな』という人は誰もいないでしょう。あれがアントニオ猪木なんですよ。

あの日は8月だから、夏のいちばん暑い時期。でも、当時の横浜文化体育館にはクーラーがなかったの。それでリングはテレビ用のライトで照らされて、間違いなく40度以上あったでしょう。そんな中で1時間闘ったらね、冗談抜きにあの後2日間おしっこが出なかったから。もよおしてトイレに行くんだけど、脱水症状でおしっこ出ないの。それくらい出し切った。そういう試合を、あの歳でやった猪木さんはやっぱりすごいよ。

自分自身、あの時は猪木さんに対する気後れもまったくなく、自分が思うがまま、本能のままに60分闘えた。だから最後はすごく清々しかった。もちろん、周りは『藤波は結局、猪木さんを超えられなかった』という人もいますよ。でも、そういった勝敗を超えて、あの試合は自分にとって最高の宝だね」

あの「猪木の事実上の引退試合」「昭和プロレスの最終回」ともいわれた8・8横浜での一戦から、早31年がたった。

その間、藤波の新日本社長就任と辞任。猪木の引退や、新日本の株売却などいろいろなことがあった。それでも今、師弟は毎月1回、一緒に食事をする関係になっているという。

「今、猪木さんと月に1回、一緒に食事をしながら話をする時間っていうのは、自分にとっても特別な時間だね。猪木さんを前にすると、今65歳の僕がファンに戻ってしまう。

僕にかぎらず、昔の新日本にいた人間は、やっぱりみんな猪木さんが好きだし、根本的には猪木ファンなんだよね。だから僕も一時期は猪木さんとぶつかったことがあるし、クーデター騒動(83年)なんかもあったけれど、それは自分の若さゆえの猪木さんへの対抗心であって、一時的に物理的な距離ができたとしても、心は離れてないんだよ。

そして、猪木さんと離れたあと、絶対にどこかで気づくんだよね。それは前田だって、長州だって、みんなそうだと思うよ。やっぱり、猪木さんのことが好きだから、そしてその存在感が自分の意識の中に常にあるから、いろんなことをいうんだよね。

それぐらい、僕らにとって猪木さんは大きな存在なんだよ」

©Essei Hara

「今でも猪木さんのために腕一本ぐらいは失くしてもいいと思ってる」

証言

藤原喜明

取材・文●堀江ガンツ

PROFILE

藤原喜明　ふじわら・よしあき●1949年、岩手県生まれ。72年に新日本プロレスに入門。新人時代からカール・ゴッチに師事し、のちに“関節技の鬼”と呼ばれる。84年に“テロリスト”としてブレイク。同年7月からは第一次UWFに移籍し、スーパー・タイガー、前田日明らと、UWFスタイルのプロレスをつくりあげる。その後、新生UWFを経て、91年には藤原組を設立。2007年に胃がんの手術をするも無事生還し、今も現役で活躍中。

藤原喜明は、70年代のアントニオ猪木付き人時代に「猪木の影武者」「猪木の用心棒」と呼ばれてきた。

通常のシリーズはもちろん、異種格闘技戦や危険な海外での試合の際など、常に猪木に帯同し護衛する藤原の姿があったからだ。

「当時、俺は自分のことを〝弾避《たまよ》け〟だと思っていたからね。『この人のためなら死ねる』って本気で思ってたから。

のちにミスター高橋さんか誰かが、『猪木さんが、パーティには藤波を、危険な場所には藤原を連れていくっていってたんだよ。ひどいだろ?』とかいってたことがあるけど、俺は『なんだよ、それって名誉じゃん』って思ったからね。信頼されてなきゃ、危険な場所に連れていこうなんて思わねえもんな」

そんな長年体を張って猪木を守ってきた藤原だが、もともと猪木に憧れて新日本プロレスに入門したというわけではなかった。

「俺は田舎の農家の長男でさ、『ここで一生を終えるのは嫌だ』と思ってたんだよ。だから、プロレスラーになりたいとか、そんなこと以前に、田舎から出たかったんだよね。体を鍛えていたからプロレスに興味はあったけど、なり方なんてわからねえしさ」

藤原は地元岩手県の工業高校を卒業後、上京し機械メーカーに就職するが、その後はコックをするなど職を転々。そして横浜の市場で働いている時に転機が訪れる。

「市場って朝5時から仕事が始まって、10時頃には終わるから、ちょっと昼寝したあと、横浜のスカイジムってところに入会したんだよ。16歳から本を頼りにウェートトレーニングをしてたからね。そしたら、そこの会長は金子武雄さんっていう元・日本プロレスのレスラーだったんだよね。で、俺が一生懸命練習しているのを見てさ、『お前、プロレスラーにならないか？』っていってきて、『はい！』って答えたら、『よしわかった！　明日から会費はいらねえから、市場辞めて俺の焼肉屋で働け。昼間の忙しい時間が過ぎたら、夕方まで練習しててもいいから』っていわれて、練習しながら焼肉屋で働くようになったんだよ。

金子さんは、国際プロレスの吉原社長と仲が良くてね。国際はレスラーが足りなかったから、今思えば吉原さんから『いいのいないか？』っていわれてたんじゃないかな。

それで1年くらいたったあと、また呼ばれて『国際と新日本と全日本があるけど、どこがいい？』って聞かれて。たまたま『プロレス＆ボクシング』っていう雑誌を読んだ時、選手名鑑が載っててね。新日本はまだ旗揚げしたばかりで人も少なくて、しかも大きい選手もいなかったから、『ここだったらチャンスがあるかもしれない』と思って、『新日本プロレスに行きます！』といったんだよ。そしたら金子さんに『ああ、そうか。国際プロレスもいいぞ。国際にしないか？』みたいにいわれてさ（笑）。でも結局、俺の意思を尊重して、新日本に紹介してくれたんだよ」

藤原は、金子会長に連れられ、当時六本木にあった新日本事務所を訪れ、そこで初めて猪木と対面した。

「初めて新日本の事務所に行ったら、猪木さんが茶色のコールテンのズボンに格子柄のシャツを着てそこにいてさ、肩幅が広くてカッコよかったな〜。

それで金子さんは、猪木さんより先輩だから、『おう、猪木。コイツなんだけど』って俺のことを紹介してくれてね。『お前の若い頃にそっくりだよ』っていったら、猪木さんがあからさまに嫌な顔をしてたのをハッキリ覚えてるね（笑）。もう、今から47年前の話だけどな」

「猪木さんはパンツは自分で洗うし、Sさんとは違う（笑）」

1972年11月2日、藤原は新日本に入門。同月12日には、和歌山県白浜町坂田会館で藤波辰巳（現・辰爾）を相手にデビュー戦を行う。入門から10日後という異例のスピードデビューだった。

「金子さんが寝技が好きでね、俺は新日本に入る前からウェートトレーニングだけじゃなく、寝技もずいぶんと仕込まれてたんだよ。それで、当時の新日本は選手が少なかったというのもあるんだろうけど、即戦力と思われたのか、入門してから最初の巡業初日にデビューだったんだよ。だから、これが入門3日後にシリーズが始まってたら、3日でデビューできたかもしれないな」

そして入門2年目に藤原は猪木の付き人となる。

「その前に、俺は（山本）小鉄さんのカバン持ちをやってたんだ。そうしたらある日、『おい、お前は明日から猪木さんにつけ』っていわれてね。当時、猪木さんには栗栖（正信）と荒川（真）さんの2人がついてたんだけど、急に俺がつくことになったんだよ。荒川さんが1週間でクビになったから、その代わりってことでな（笑）。

付き人になってからも、猪木さんの印象は変わらなかったね。あの人は表裏がない人だから。悪い人じゃないし、若いヤツをイジメるってこともなかった。立派だなと思ったのは、カバン持ちが洗濯も全部やるわけだけど、パンツだけは自分で洗ってたからね。

練習だって本当に熱心にやってたよ。忙しい人だから他に仕事があっても、深夜道場に来て練習してたからね。もちろん俺も付き合ったよ。パンツは自分で洗うし、トレーニングも欠かさない。いろんな意味で、Sさんとは違うタイプだったね（笑）。

昔の新日本道場は、基礎体力運動を徹底的にやったあとは、延々と〝セメント〟の練習ばかりだった。これは、もともとは猪木さんが、日プロ時代からカール・ゴッチさんや高専柔道出身の大坪飛車角さんと、スパーリングを徹底的にやってた人だから、その猪木さんの影響が強いんだよ。だから俺たちも一生懸命、腕を磨いていたわけでね」

試合は、大衆を楽しませ興奮させる、エンターテインメント要素が含まれたものであっても、道場では強さのみを追求した厳しい練習を行う。それが当時の新日本であり、猪木の信条。そして「馬場のプロレスとは違う」というプライドだった。

しかし、道場でどんなに厳しい練習を繰り返しても、世間からの「どうせ八百長だろ？」という偏見にさらされるのもまたプロレスラーの宿命。そんな世間の目に反抗するかのように、当時の猪木は配下のレスラーにも緊張感ある厳しい試合を徹底していたという。

「だから若いヤツが変な試合をやってるとさ、『藤原！　竹刀持って行ってこい！』なんていわれるんだよ。試合中なのに竹刀持って俺は何をしに行けばいいのかって思ってたら、『リングに上がって行って若いのをぶっ叩いてこい！』っていうんだよな。

それで俺が行って、『コラーッ！』って怒鳴りながらバンバンとやってね。客は何をしてんのかわかんねえよな。俺だってそんなことしたくなかったけど、それぐらい当時の猪木さんは試合に関して厳しかったね。

もちろん、自分に対しても厳しい人だったよ。俺がついたのは猪木さんが31歳ぐらいの時だから、本当に全盛期だよな。それで『いつ何時、誰の挑戦でも受ける！』とかいってさ、『こんなこといって大丈夫かな？』って、若い者なりにハラハラしてたよ（笑）。

猪木さんの持論としては、まず大風呂敷を広げて大衆の注目を集めて、それでどんなヤツが来ても大丈夫なように一生懸命に練習をしてたってことだよな。そうやって自分を追い込んでいたんだ」

アリ戦の直前、猪木が「俺、勝てるよな？」

世間にプロレスラー、そして自分の強さを認めさせる――。異種格闘技戦とは、そのために始まったものといっていいだろう。そして猪木は76年に「プロレスとは最強の格闘技である」という大風呂敷を広げ始めたのだ。

「大風呂敷を広げるだけなら誰でもできるけど、実際にモハメド・アリとやるなんて、猪木さんにしかできないことだよ。闘うだけじゃなく、カネも用意しなきゃいけないだろ。何十億だもんな。

だから最初にアリ戦の話を聞いた時は『まさか!?』だったよな。実際に実現するってなっても『お金、大丈夫かよ?』って。当時はまだ新日本が会社として軌道に乗ってなくて、給料が遅れたりするのも普通だったから、『そんな大金をどう用意するんだ?』って思ったし、借金して万が一のことがあったらどうするんだろうと思ったけど、やっちゃうんだよな」

ボクシングの現役世界ヘビー級王者モハメド・アリと対戦するという前代未聞の一戦は、実現まで当然交渉は難航したが、猪木側はあの手この手で粘り強く交渉し、アリ側が要求する条件をほぼ全部飲んで、ついに契約に結びつける。

アリのギャラは600万ドル。当時のレートで約20億円だ。アリ戦はそれだけのリスクを背負った猪木の執念によって実現に至ったのだが、もし負ければ、プロレスラーとしての地位は失墜し、会社は潰れ、莫大な借金だけが残るという猪木一世一代の大ばくちでもあった。

この人生を懸けた闘いを前に、猪木の心理状態は極限状態にあったと藤原は語る。

「確か、巡業を2シリーズ休んで、猪木さんにずっとついていたんだよ。猪木さんは試合に向けて、コンディションを整える練習とスパーリングをずっとやっていた。でも、躁鬱《そううつ》が激しいというかね、突然、『俺、勝てるよな?』って聞いてきたり、ひと言もしゃべらない日があったり、精神的に追いつめられていたようだった。

ハッキリいえば死ぬか生きるかだからね。よく〝真剣勝負〟って簡単にいうけど、猪木さんは負けたら会社も潰れるだろうし、借金でどうしようもなくなるだろうから、それを考えたらね。アリだって負けたらボクサー生命がおしまいでしょ。これがホントの真剣勝負だよな。

それに、闘いで何がいちばん怖いかっていったら、何をやられるかわからないっていうことなんだよ。知っていれば、心に余裕が生まれるけど、知らないっていうのは、本当に怖い。しかも両者ともに背負ってるものが大きいから、ますます冒険した試合ができないんだ」

この現役のボクシング世界ヘビー級王者とプロレスラーによるリアルファイトという前代未聞の一戦は、尋常ではない緊張感のなか、猪木はスライディングしてのローキック(アリキック)を繰り返しては仰向けの体勢を取り、アリは「立ち上がれ」と挑発する展開が延々と続き、ついに15ラウンドが終了した。

極限の緊張感のなかで行われた真剣勝負だったからこそのこう着状態であり、猪木が仰向けになるのも、のちの総合格闘技を見慣れたファンであれば戦法として理解できるが、この試合が行われたのはPRIDEが誕生する21年も前。当時、まったく理解されず、世間の評価は散々なものだった。

「大凡戦」「茶番劇」……あらゆるメディアがこの一戦をこき下ろし、しかも、その矛先は〝寝てばかりいて闘おうとしない〟猪木に向けられた。この時の猪木の孤独は計り知れない。普段、自分の試合を「八百長」呼ばわりした連中の前で、堂々と真剣勝負で史上最強のボクサー、モハメド・アリと闘い引き分けてみせたのに、そのすごさが何ひとつ理解されなかったのだ。

「お金を払った観客が文句を言うのは仕方がないけど、あの時、テレビ、新聞、雑誌でボロクソにいった有名人の名前、俺は今でもハッキリと覚えてるよ。あいつと、こいつと、こいつって。もう2人ばかり死んでるけどね。何もわかってねえヤツらが、『あんなの誰でもできる』とかいいやがってな。

あと、何も知らねえ有名人ならともかく、記者連中までボロクソに書きやがってな。俺は記者にいいたかったよ。『俺らが糞だったらお前らは糞バエじゃねえか！』って。糞にたかって食ってるわけだからな。何をくだらねえこと書いてるんだって」

なお、この試合の判定は、ジャッジ2人がそれぞれ猪木、アリを支持し、レフェリーのジン・ラーベルがドローをつけ、三者三様のドロー。しかし、ジャッジのひとり、日本ボクシング協会公認レフェリーの遠山甲が猪木につけたにもかかわらず、プロレス側の遠藤幸吉がアリにつけてドローとなったため、新日本セコンド陣が遠藤に対して激怒したという話が残っている。

「手数やダメージからいっても猪木さんの判定勝ちだと思ってたら、ドローだったんで、『なんでだよ？』と思ったら、遠藤さんだけがアリにつけてたっていうんだよな。それで俺と荒川さんで『遠藤を探せ！』って、もう会場中を走り回ったよ。とっ捕まえてぶん殴ってやろうってね。だけどあとで考えたら、あれはドローでよかったんだよな。もし、どっちかが勝ってたら死人が出てたよ。すごかったからな、殺伐としてて。だってあっち側には銃を持った人間がいたといわれているし、もしかしたら、こっちにもいたかもしれないからな。だから、たぶん遠藤さんは自分が悪者になってドローにしちゃったんだろう。今になれば、その気持ちがわかるよ」

「猪木さんのために死ねなくなりました」

猪木の伝説的な他流試合といえば、このモハメド・アリ戦とともに、76年12月12日、パキスタンで行われた現地の英雄アクラム・ペールワン戦がある。リアルファイトを挑んできたペールワンを、猪木がアームロックで肩を脱臼させて返り討ちにしたこの一戦は、驚くべきことにアリ戦からわずか半年たたずに行われた試合だった。

この時も、猪木の傍らにはピタリと寄り添う藤原の姿があった。

「あれはアリ戦の半年後なんだ？　当時の猪木さんの精神力は計り知れないね。あのペールワン戦の緊張感もすごかったよ。俺はあの試合のビデオをもらったけど、いまだに観てねえもんな。怖くて観れないいんだよ。あの時のいや〜な緊張感が、記憶によみがえりそうでさ」

パキスタン最大の都市カラチのナショナルスタジアムで、数万人の観客を集めたこの一戦。リングサイドには銃を持った軍隊が控えるなか、パキスタンという見知らぬ国、しかも命の保証がない敵地での闘いは、アリ戦とはまた違った極限の緊張感があったのだ。

「さっきもいったように、試合をするうえでいちばん怖いのは、相手が何をやってくるかわからないこと。そういう意味では、ペールワンほど怖い相手はいないよ。相手の情報がまったくなくて、どんな技を使うかわからない。しかもパキスタンなんて、当時の日本人にしてみたら、神秘の国だからね。ヘタすりゃ、呪術や魔法を使うんじゃねえかって、そこまで考えてしまうほど、未知の相手っていうのは怖いんだよ。

そういう相手でも、猪木さんは平然と腕を極めて勝つわけだからね。たいしたもんだよ。

それで勝ったあとさ、リングサイドの軍隊が一斉に銃を構えたんだよ。これは観客が暴動を起こさないように、軍隊が客席に向けて威嚇《いかく》のために銃を構えたんだけどさ。でも、俺は『アントニオ猪木が撃たれる』と思って、とっさに両手を広げて自分が弾よけになって守ろうとしたんだよね。今から考えると、バカだったよな～」

「猪木さんのためなら死ねる」というのは口先だけではなく、藤原は実際の行動でも示していたのだ。

「俺は本当に『この人のためなら死ねる』と思っていたからね。だけど俺が30歳の時に、ちょっと酔っ払って猪木さんにいったことがあるんだよ。『猪木さん、すみません。猪木さんのために死ねなくなりました』ってね。

そしたら猪木さんがニコッと笑って『コレか？』って小指を立てたんだよ。俺に好きな女ができたことにすぐ気づいたんだよね。まあ、猪木さんも〝コレ〟に関してはいろいろあったから、わかったのかもしれないけどな（笑）」

クーデター騒動とＵＷＦ移籍

藤原は猪木の付き人を歴代最長の10年近く務めたが、84年6月、新日本を退団。第一次ＵＷＦに移籍することを決意する。これは「この人のためなら死ねる」という思いでついてきた猪木に、「自分は必要とされていないのではないか？」と感じたことが、ひとつのきっかけになっていた。

「新日本を辞める時、『俺はこの会社には必要なかったんだ』と思ったんだよね。当時、新日本内部がゴタゴタして、クーデター未遂みたいなことも起こったけど、俺は水面下でそんなことが動いてるなんて知らなかったんだよ。

今でも覚えてるけど、大宮で試合があった時、なんかみんなコソコソしてて様子がおかしいんだよ。それで猪木さんもなかなか会場入りしないから、おかしいなと思ってたら、猪木さんがすごい怒った顔して遅れて会場入りしてね。で、俺の顔を見るなり『お前もか！』っていわれてさ。わけがわからないから、『何のことですか？』って聞いたら、『とぼけんじゃねえ！』って怒鳴られてね。

クーデター未遂かなんかがあったっていうのは、そのあと聞いたんだよ。だから俺は仲間だと思ってた他のレスラーからも声をかけられてないし、猪木さんからも『お前もか！』って疑われて信用されてない。それで『ああ、俺はこの会社に必要ない人間なんだ』と思ったわけ。

そんな気持ちを引きずってる時、俺の家に浦田（昇＝当時・UWF社長）さんが来て、『UWFに来てくれ』っていわれてさ。その時、俺は聞いたんだよ、『私のことが必要ですか？』って。そしたら浦田さんが、『必要でなければ、こんなところまで来ませんよ』っていってね。俺の家で『こんなところまで来ません』だよ。まあ、それはともかく、必要とされてないところにいるより、必要とされるところに行こうと思ったんだ。これでダメなら、プロレス界から足を洗えばいいって気持ちでね」

藤原は新日本を辞めるとき、猪木にだけはちゃんと電話を入れて筋を通したという。

「猪木さんに黙って行くのは嫌だったからさ、ちゃんと電話で話したんだよ。ちょっとガッカリしたのは、引き止められるんじゃなく、『他に誰が行くんだ？』っていわれたこと。

その時、『やっぱり俺は必要なかったんだ』と思ってね。半分ホッとしたよ。未練を残さず辞めることができるってね。

だから、俺は猪木さんを裏切ってないよ。だましたこともないし、陥れようとしたこともない。酔っ払った時、猪木さんに『私、裏切りました？』って聞いたことがあるよ。そしたら猪木さんが俺の顔を見て、『ちょっとだけな』って（笑）。

猪木さんにすればちょっとは裏切られた気持ちがあるんだろうけど、俺としてはまったく裏切ってない。だから、その後も『おつかれさまです！』って会えるんだよ」

〝ボロ酔い〟で猪木にかけた電話

その後、藤原は86年に新日本とＵＷＦの業務提携という形で、新日本マットに復帰。88年には再び新日本を離れ、新生ＵＷＦに移るなどしたが、猪木との関係は根底では変わることはなかった。

93年、藤原が主宰するプロフェッショナルレスリング藤原組は、船木誠勝、鈴木みのるら、若手選手の大半が団体を去る選手大量離脱に見舞われた。そんな苦しい時、藤原組の後楽園ホール大会に、猪木が藤原とのトークライブという形でゲスト出演。公の場で、久しぶりに師弟の再会が実現したのだ。

「あの時、猪木さんは政治のスキャンダルで叩かれてたんだよね。だから、どこにも出てなかったんだけど、俺がお願いしたら出てくれてね。あそこから騒動も沈静化したんだよな。

あれなんかも、猪木さんが俺のことを嫌ってたら藤原組のリングでトークなんかしてくれねえもんな。『あのバカ野郎、１００年早い！』っていわれてただろうし。来てくれたってことは、団体は変わってても縁は切れてなかったってことだよ」

そして、その師弟関係は、現在も続いている。

「俺は猪木さんに直接電話をすることなんかめったにないんだけどさ、前に1人でチビチビ飲んでた時、猪木さんのことを考えてたら、ふと思い立って電話をしたことがあるんだよ。

猪木さんは、体調がそんなによくない時もあっただろ？　そんなことを考えてたらなんか急に寂しくなって、『猪木さん、俺より先に死んだらダメですよ』っていったら、猪木さんが『アッハッハッハ！　泣いてんのか、お前？　わかった、わかった』って、笑っていわれたりしてさ。そんなこともあったな。

で、猪木さんは最近、奥さんを亡くしてるだろ？　気丈に振る舞っているけど、猪木さんだって人間だから、当然つらい思いをしているはずなんだよ。ズッコさん（田鶴子夫人）は、自分が悪者になってでも猪木さんを守ろうとして、防波堤になっていた人だからね。知らないバカが好き勝手書いてるけど、猪木さんに尽くして尽くした、素晴らしい人だったよ。

人間っていうのは誰でも必ず死ぬんだから、こればっかりはしょうがない。でも、猪木さんにはいつまでも元気でいてほしいよ。俺も猪木さんのために、命までは懸けられなくなったけど、今でも腕一本ぐらいは失くしてもいいって思ってるからね」

曜スペシャル

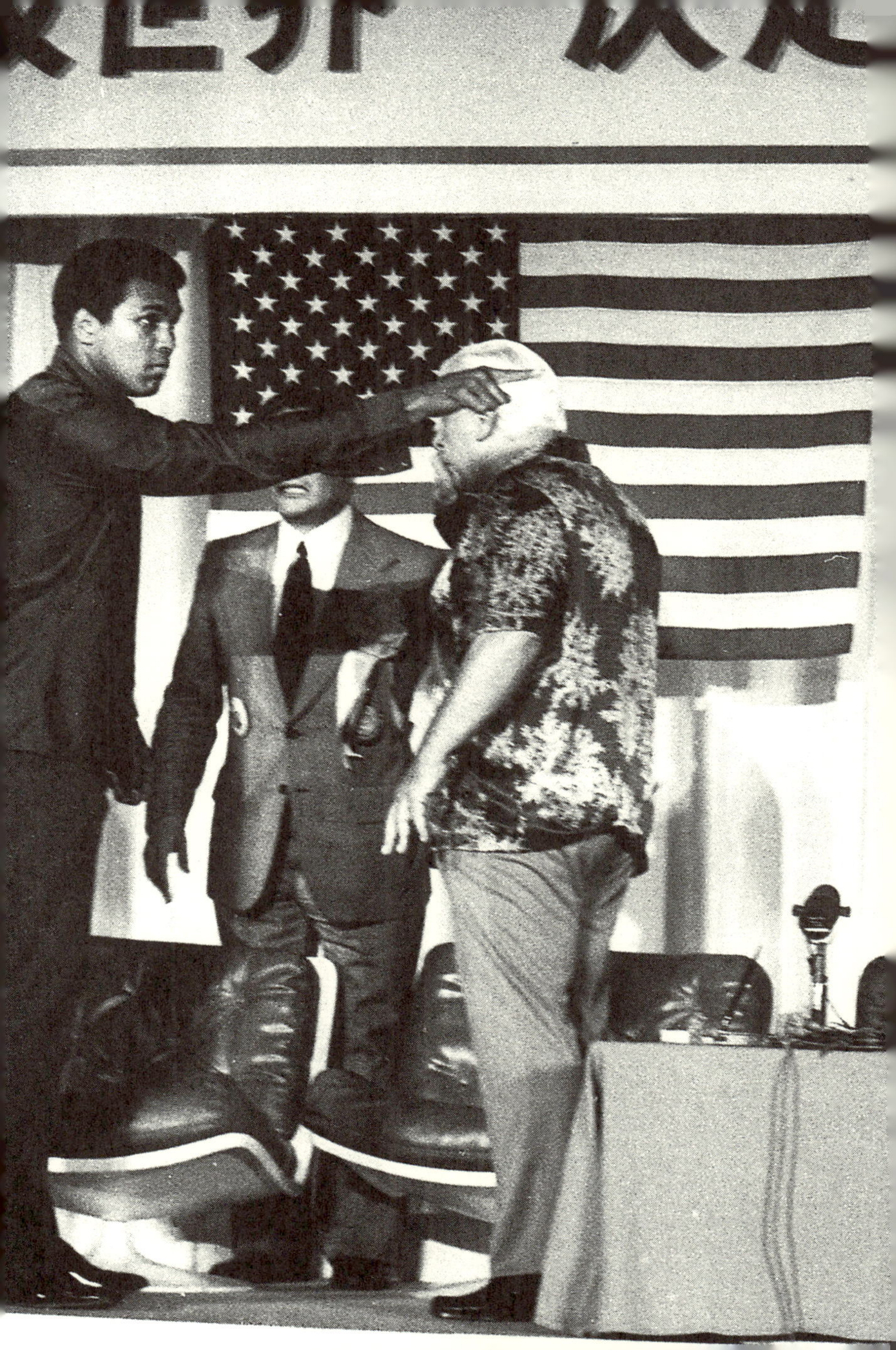

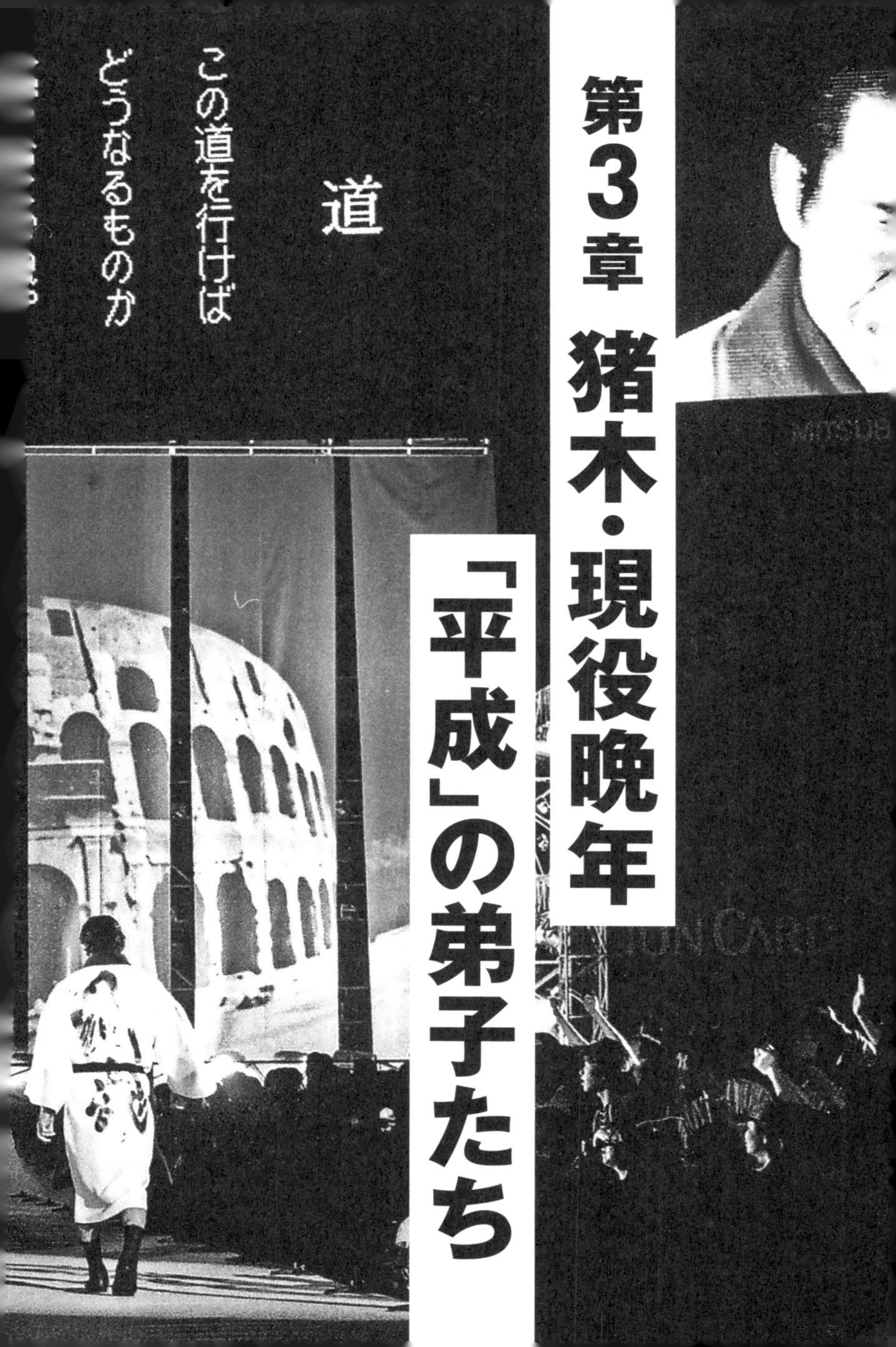

道

この道を行けば
どうなるものか

第3章 猪木・現役晩年「平成」の弟子たち

踏み出せば
その一足が道とな
迷わずにゆけよ
ゆけばわかる。

「猪木さんがタニマチに仕掛けてるところを見て、この人すげえなって」

証言

蝶野正洋

取材・文●堀江ガンツ

PROFILE

蝶野正洋 ちょうの・まさひろ●1963年、アメリカ・ワシントン州生まれ。84年、新日本プロレスへ入門。同年10月、越谷市民体育館の武藤敬司戦でデビュー。87年に海外遠征し、帰国後は“闘魂三銃士”として活躍。得意技はケンカキック、STF。G1クライマックスは、第1回大会をはじめ、前人未到のV5を達成し、「夏男」と称された。nWoジャパンを設立して一大ムーブメントを起こし、その後、TEAM2000を結成。92年にNWA世界ヘビー級王座、98年にIWGPヘビー級王座を奪取。2010年からフリー。

〝黒のカリスマ〟蝶野正洋とアントニオ猪木といえば、2002年2月1日、札幌での〝猪木問答〟が真っ先に思い浮かぶだろう。当時、新日本プロレスの実質的なオーナーである猪木が推し進める格闘技路線に多くのレスラーが反発。それを受けて武藤敬司が、小島聡、ケンドー・カシン、さらに新日本の社員数名を引き連れて全日本プロレスに移籍したことで、新日本が危機的状況に陥ってしまう。

そんな最中、2・1札幌大会に来場した猪木と蝶野がリング上で対峙。「猪木さん、俺はこのリングでプロレスがやりたいんですよ！」と、格闘技路線からの方向転換によって新日本の立て直しを訴える蝶野に対して、「お前は、これからただの選手じゃねえぞ。プロレス界を全部仕切っていく器量になれよ！」と、電撃的に現場監督に任命した。

00年代のプロレス界にとってもエポックであったこの一件。蝶野に猪木を語ってもらう前に、まずは改めて〝猪木問答〟を振り返ってもらった。

「猪木さん、プロレスという〝本妻〟を抱いてくださいよ」

「あの時、武藤さんが新日本のスタッフも引き連れて全日本に行ったことで、会社が空中分解寸前だったんだよね。でも、そんな状況にもかかわらず周りは誰も動かない。これはあとでわかったことだけど、長州さんも永島のオヤジ（永島勝司）も同じように新日本離脱を目論んでいたわけだから、武藤さんたちの行動を黙認してたし、新日本再建のために動くわけがないんだよ。当時、俺はそんな派閥闘争にまったく関心がなかったから、『なんでみんな動かねえんだ！この状況はヤバい、新日本が大変なことになる』と、ただただ危機感を募らせてね。会社内部を立て直すためにも、一度、猪木さんと話し合わなきゃいけないと思ったんだよ。だけど時間もないし、会議室で話し合ってもあとでひっくり返されることなんかしょっちゅうだったから、『これはリング上で猪木さんに直接訴えて、既成事実をつくるしかない』と思って、リングに上がってもらったんだよね。

そこで俺は純粋に、新日本の窮状を猪木さんに訴えようと思ってただけなんだけど、猪木さんのほうは会社の経営者だからさ。社内にクーデターを起こそうとしている人間ばかりがいるなかで、『じゃあ、次は誰に現場を任せるんだ』と、そっちを考えていたと思うんですよ。そのタイミングで俺がリング上であんなことをやっちゃったから、パッとひらめきで『お前、現場監督やれ！』っていったんだと思う。

だから、こっちも驚いちゃってね。俺は会社とか現場で裏の仕事に関わりたくないから、アウトロー的なポジションで距離を置いていたのに。突然、そんなことになったんで、頭の中で『まずいことになったな……』と思って（笑）。

俺はただ『リング上は、俺たちがしっかりとしたものを見せるから任せてほしい。だから猪木さんも総合格闘技に浮気ばかりしてないで、プロレスという〝本妻〟を抱いてくださいよ』っていうことだけだったんだけど。要は、俺は会社の方針を批判したわけだから『だったらお前が会社全体を仕切ってやってみろ』と切り返された。瞬時にそれをいってきた猪木さんは、やっぱり頭がいいよね」

いずれにしても、猪木が公の場で新日本の現場監督を任命したのは、この一度きり。のちに蝶野はＩＧＦのエグゼクティブプロデューサーも務めており、蝶野のクレバーさを猪木が買っていることは間違いないだろう。

付き人の前でも〝アントニオ猪木〟を崩さない

そんな闘魂の継承者でもある蝶野だが、プロレスラーになるきっかけは、猪木ではなかった。

「俺はもともとプロレス自体に興味がなかったんだけど、藤波（辰爾）さんと長州さんの抗争で周りが盛り上がっている時、チラッと見てみたら、すごいスポーティで、それまでのプロレスのイメージが覆されちゃったんだよね。それに対して当時の猪木さんっていうのは、国際軍団と血だらけの遺恨試合とかやってたからさ、なんかそっちは現実味がなかったんだよ。

だから俺たちの世代で猪木さんに憧れて入ったのは多くないかもしれない。けっこう三銃士は新弟子時代、みんな前田（日明）さんに憧れてたんだよね。俺らが入る前の年に凱旋帰国してきた若いニュースターで、歳も近い身近な兄弟子でカッコよかったもん。まあ、すぐＵＷＦに行っていなくなっちゃったんだけど。

前田さんにかぎらず、あの頃の先輩はカッコいい人が多かった。坂口（征二）さん、藤波さん、長州さん、みんなカッコよかったし。その下に前田さん、髙田（延彦）さんがいるわけだから。憧れの先輩だらけなんですよ。それで猪木さんっていうのは、憧れのスターのそのまた雲の上の存在だよね。スターの上のスーパースターだったから。入門したあとは、ファンとして観ていた頃以上に遠い存在に感じるくらいだったからね。

俺がそんな猪木さんの付き人をやるって決まった時は、夢にまで猪木さんが出てきたからね。俺が寝てる時、夜中に猪木さんが道場に来て、『ヤバい！』って目を覚ましたら、それが夢だったみたいなさ（笑）。それぐらい緊張してたよ」

そこから巡業中は常に猪木に付くことになったが、付き人・蝶野から見た猪木の印象は「大変だな」ということだったという。

「とにかく猪木さんは、24時間〝アントニオ猪木〟でいなきゃいけないんですよ。あれだけの有名人だから、どこに行っても人の目があるし、控室に入っても選手や会社の人間は、みんなトップの背中を見てるんで。自分を崩してリラックスできる時間なんていっさいない。あれがすごく大変だなって。

猪木さんは、俺ら付き人の前でも〝アントニオ猪木〟を崩さない人だったからね。だから、俺の前についてた（獣神サンダー・）ライガーはすぐ近くにつきっきりで手足のように動いてたんだけど、俺はそれを見て、あんまり近くにいすぎるのも窮屈なんじゃないかなって感じてて。ライガーが海外に出て俺がメインの付き人になった時は、ちょっと距離を置いて、必要な時に寄ってパッと渡すような、一歩じゃなくて三歩ぐらい後ろにいるような付き人を心がけてたんですよ。

猪木さんはどんなに忙しくて疲れきっていても、練習できなかった日はホテルで風呂に入る前に、その場でスクワット300回、ブリッジ、ストレッチを30分とかやってたんだけど、付き人の目がなかったら、休みたい時は休めるんじゃないかなと思って。だから疲れきってるように見えた時はちょっと気を利かせて、『すみません、洗濯に行ってきます』とかいって、わざと外すんですよ。そうすれば、猪木さんも少しは自分だけの時間がつくれるんじゃないかと思ってね。

だから指導者としては自分の背中を見せるタイプで。たとえば、巡業中に旅館の大浴場に猪木さん一人で入ってた時、俺が背中を流したあとタオルを取りに行ったら、猪木さんが洗い場のところを水で流してキレイにしていて、『誰も見てないのに、猪木さんもそういうことちゃんとやるんだ』と思って感心したことがある。

たしかに俺らも合宿所では練習場も風呂場も使ったあとは次の人が気持ちよく使えるようにちゃんとキレイにしておくという教えだったんだけど、猪木さんも人が見てないところでもそれをちゃんとやってたんだという。

あとは基本的に真面目ですよね。練習は必ずきっちりとやるし、寝坊とかもしないし。几帳面で、付き人に対して無理難題をいったりもしないしね。

俺は付き人の時に怒られたイメージがない。唯一怒られたのは、デビューして20年近くたってから。自分が取締役になって取締役会に5分くらい遅刻しちゃったんですね。俺がいちばん若い取締役だったっていうのもあって、猪木さんに『お前、みんなに謝れ！』って烈火のごとく怒られて、俺も『すみません、遅れまして申し訳ございませんでした！』って謝りましたね。

ちょうど会社が苦しい状況でもあったし、取締役会や会議にはちゃんと時間前に来るっていう社会人のマナーというか。俺もトップレスラーになって現場監督を任されるようになって、どこか天狗っていうわけじゃないけど頭でっかちになってたところがあったと思うんですよね。そこを猪木さんにガーンと叩かれた感じで。自分ではそういうつもりはなくても猪木さんにはそう見えたんでしょうね。

レスラーの遅刻や忘れ物は笑い話になったりするけど、一般社会ではそんなのは通用しないっていうのを、改めて教えられましたよ」

営業の〝最終兵器〟だったアントニオ猪木

蝶野が付き人時代、猪木に感銘を受けたのもそういった会社のトップ、団体のトップとしての姿だったという。

「俺が付き人時代、猪木さんが佐川急便の佐川清会長とお会いする時に同席したこともあるんだけど。当時、猪木さんは40代前半で、そういった大実業家の人たちと礼儀をもって接していて、社会人としてのマナーもしっかりしていたのが、今考えてみるとすごいなって。俺らあたりだとそんな機会もないし、猪木さんはそれを20代、30代からやっているわけだからね。

猪木さんっていうのは、そういうトップの人との付き合いがある一方で、東京プロレスとか新日本の立ち上げの時なんていうのは、今みたいなチケット販売システムがないから、一枚一枚手売り営業を自分でもやるっていう、演歌歌手みたいなこともやってたわけでしょ。そこもすごいところだよね。スポーツ界や興行界のトップどころを見ながらも、ドブ板的なこともできるという。だから猪木さんの営業力っていうのは、他の人間とは全然違うんだよね。

たとえば、新日本がドームツアーをやってた頃も、最終的には〝猪木さんの営業〟という詰めのひと押しがほしい、と。それで営業マンが必ず猪木さんを担いだからね。実際、猪木さんが動けばチケットで1000万円、2000万円っていう数字を動かすんですよ。

福岡ドームでやった時も、パチンコ屋さんとか応援してくれる企業の人たちと、俺ら選手や営業マンが一緒にお酒を飲んだりして協力をお願いするんだけど、もうひと押しすれば超満員になるっていうところで営業マンが、『猪木さん、出てもらえませんか』ってお願いをして、猪木さんが出てきたら、場が盛り上がると。そうすると企業の社長さんも『猪木さんが来てくれたんだったら、こりゃ、もう1000万円くらい買わなきゃいけないいな』と、なるんだよね。

で、そっからがまたすごいんだよ。まず、猪木さん得意のビールの早飲みで場を盛り上げてから、『じゃあ、勝負をしましょう！』って今度はウォッカかなんかを飲んでね。そういう強い酒をガンガンやって、『これを飲んだら、もう500万円お願いします』とかいって、ガーッと飲むと、企業のトップもポーンと出してくれたりするんだよ。

それで猪木さんが限界になる前に、営業マンにも同じことをやらせて、向こうもそういうのが好きな世代の社長さんなんですよ。もうイケイケの人だから飲みっぷりだとか、営業マンの豪快さを見たら、『よし、それだったら俺が出してやる！』っていう。こういう営業のやり方があるのかって、勉強になりましたね。

あと、IGF時代には、ある企業の社長さんにハイアットリージェンシーのラウンジで、猪木さんがワインで〝仕掛けた〟のも見たことがある。

相手の社長もフランスで農園を買ってワインのオーナーをやってるくらいの人なんだけど、猪木さんが『ワイン、知ってますか？　ここにはおいしいのがあるんですよ』っていってきて。で、その社長さんも猪木さんが年上だから、自分のワイン知識をひけらかしたりしないわけ。

それで猪木さんが、ラウンジの人に『ここでいちばん高いワインはどれかな？』って聞いたら、1本30万円くらいのがあると。そしたら『頼んでいい？　お金払える？』っていうのを、社長さんに対して目で聞くんですよ。

その時は、これから食事に行く前に軽く一杯飲もうっていう場だったんだけど、明らかにもう150万円ぐらいは使ってるわけですよ。そこからさらにいちばん高いワインを飲もうとする。

そうすることで、〝コイツは払えるのか、払うのか〟っていうのを、猪木さんは仕掛けて見極めてるわけ。

それを失礼にならないギリギリのところを見極めて仕掛けるという。まったくプロレスと一緒なんだよ。やりすぎて、試合が不成立になってはいけないけど、腹を探り合いながら、そのギリギリまで仕掛けていくっていうね。俺は猪木さんがタニマチに仕掛けてるところを初めて生で見て、この人すげえなって思った。猪木さんは、リングを降りてもプロレスをやってたんだよね」

ブロディ襲撃事件で猪木が泣いた

この蝶野が見た、仕掛ける、仕掛けないといった緊張感のある駆け引きは、当然、リング上でも行われていたという。

「猪木さんっていうのは、23歳で東京プロレスのエースになってから、基本はずっと担がれてきた人なんだよね。それでトップに担がれたからにはやらなきゃいけない試合や興行もたくさんあったはずで、それをこなしてきたっていうのがすごいなと思いましたね。

異種格闘技戦にしても、ヨーロッパ遠征、パキスタン遠征にしても、その場その場で対応しなきゃいけないことがたくさんあって、かなりの修羅場をくぐってきたんじゃないかな。とくに海外なんかだと、東洋人に対する差別意識もあるし、あれだけのビッグネームになると、相手が売名のためにだまして仕掛けてくるとか、アクラム・ペールワン戦みたいなことはいくらでもあったと思うんですよ。

それは試合にかぎらず、芸能のほうに行った時でも、『猪木をちょっとバカにしてやれ』って感じで、打ち合わせにはないくだらないことをやらせるとか。俺なんかでも、バラエティに出たら〝キャラ崩し〟みたいな要望ばっかりくるからね。

逆にいえば、それがあるってことはイメージがあるってことでしょ。でも猪木さんは行くところ行くところで必ず、『じゃあ、今日は食事会がありますから来てください！』って行ってみたら、〝酒がどれだけ飲めるか〟っていうのを挑まれたり、何をやっても挑戦なんですよね。

そんななか、俺が猪木さんの試合で印象に残ってるのは、ブルーザー・ブロディとの一騎打ちですね。あの頃の新日本というのは、前田さんなんかを筆頭に、試合中にどっちかが仕掛けてくるような掟破りがありうる世界だったんだよね。それがシリーズに緊張感をもたらしていた。で、ブロディも新日本ではそういうことがあるって聞いているから警戒している。猪木さんのほうもブロディはオフィスに従わずに一線を超えてくる可能性があるってことを知ってるから、お互い牽制しあってるわけですよ。信用できない者同士、疑心暗鬼になりながら最終戦の両国で初の一騎打ちを迎えてね。

あの時、試合前にブロディが控室の猪木さんを襲撃に来るっていうのがあって。でも、そこにはテレビカメラもなければ、他の選手もいない。付き人の俺と猪木さんだけのシチュエーションで、猪木さんがブロディにチェーンで襲われた。

そのあと、ケガの手当てをしながら猪木さんが『クソーッ！　こんなことやりやがって！　大事な試合前に……』っていいながら、泣き始めたんですよ。記者もいなければ、テレビカメラもないなかでの、その入り込み方。

シリーズ中にあったリアルな緊張感を、襲撃という〝事件〟によって、自分の中でMAXに持っていって、それを怒りに変えてリングに向かっていくわけでしょ。ちょっと、これは俺にはできないなと思ったね」

いつだまされるかわからない世界で生きてきた

そのリアルとエンターテインメントの境界線が曖昧な魑魅魍魎《ちみもうりょう》な世界こそが猪木プロレス。そして蝶野は、のちに猪木がいっていた「プロレスと格闘技を分けるな」の意味がわかるようにもなったという。

「新日本の（03年5月2日）東京ドームで『アルティメットクラッシュ』という、プロレスと格闘技をコラボしたイベントをやったことがあったじゃないですか。あの時、俺は小橋建太選手と試合をして、猪木さんのほうは総合の試合を何試合か組んだと。俺はそっちと一緒にされるのが嫌だったから、完全に一線を引いて、対抗するつもりでやってたんだけど、現場監督として他の選手を見ているうちに気持ちが変わっていったんだよね。

総合の試合で負けた選手がバックステージに帰ってくるのを見たら、負けた悔しさはもちろんあるんだろうけど、それ以上に試合が終わったという緊張感から解放されて、周りの仲間たちと安堵感に包まれた言葉のやり取りをしてたんだよね。

それを見て、俺らと一緒じゃないかと。俺らレスラーもビッグマッチの前はすごく緊張するんだけど、彼らも同じように緊張していて、勝った負けただけじゃなくて、試合に向けて1～2カ月間頑張ってきたなかで結果は出せなかったけども終わったことに対する安堵感であったりとか、満足感が自然に出てる姿を生で見た時、俺が毛嫌いして別物だと思っていた総合も、気持ちのうえでは変わらないんだなって。

そういうことに気づくと、猪木さんのいってることが少しわかるようになってきた。ましてやプロレスかと思ってたら、それが途中から格闘技の試合になるような経験を何度もしてる猪木さんっていうのは、相当なタマだとも思うしね。

だからプロレス道とかそういう〝道〟として見た時に、猪木さんはやっぱりすごい人ですよね。猪木さんが経験してきたプロレスっていうジャンルは、昔っから政治家から、企業家から、ヤクザ者まで、いろんな人が入ってきていたのが興行の世界だから。そこで、いつだまされるかわからない、足をすくわれるかわからない世界で何十年もいたわけだからね。

いくらタフな猪木さんでも、心が相当すり減っていると思うから。政界を引退したこのタイミングで、ちょっとでもいい、1年でもいいから海外あたりで、猪木さんをゆっくりさせてあげたいなっていう気持ちがありますね。それでいつまでも元気なアントニオ猪木でいてほしいって、これは本心で思っていますよ」

証言

武藤敬司

「都知事選不出馬から、猪木さんの美学が崩れていった気がする」

取材・文●堀江ガンツ

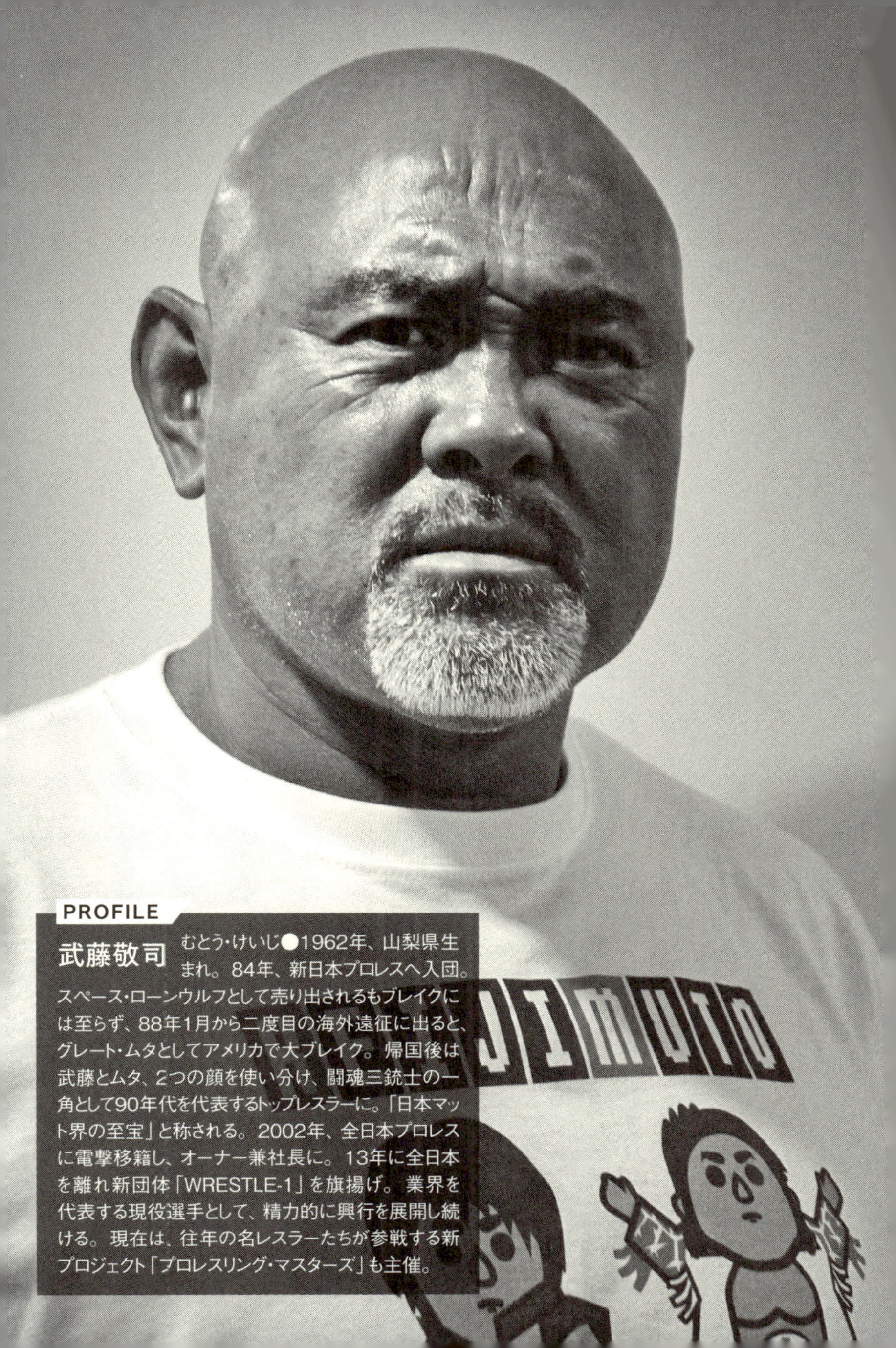

PROFILE

武藤敬司 むとう・けいじ●1962年、山梨県生まれ。84年、新日本プロレスへ入団。スペース・ローンウルフとして売り出されるもブレイクには至らず、88年1月から二度目の海外遠征に出ると、グレート・ムタとしてアメリカで大ブレイク。帰国後は武藤とムタ、2つの顔を使い分け、闘魂三銃士の一角として90年代を代表するトップレスラーに。「日本マット界の至宝」と称される。2002年、全日本プロレスに電撃移籍し、オーナー兼社長に。13年に全日本を離れ新団体「WRESTLE-1」を旗揚げ。業界を代表する現役選手として、精力的に興行を展開し続ける。現在は、往年の名レスラーたちが参戦する新プロジェクト「プロレスリング・マスターズ」も主催。

アントニオ猪木が創設した新日本プロレスは、2020年で創立48周年を迎えるが、もはや現在の新日本マットに〝猪木色〟は存在しない。

それは05年に猪木が筆頭株主ではなくなり、棚橋弘至らがリング上でも〝脱・猪木〟を目指したからという見方がされているが、本当に新日本マットを変えたのは、1990年にWCWから凱旋帰国した武藤敬司だろう。

猪木が89年に参議院議員選挙で初当選しセミリタイヤとなったあとの新日本に、華やかなアメリカンプロレスを持ち込み、新日本の風景をガラリと変えてみせた武藤。

現在の新日本はその延長線上にあり、その意味では、70年代、80年代の新日本は猪木プロレスであり、90年代以降は武藤プロレスだといえる。

今回、そんな猪木とは水と油の関係に思える武藤に取材を申し込んだのは、猪木の影響をモロに受けた藤波、長州、前田らの世代とも違い、闘魂三銃士の盟友・橋本真也のような根っからの猪木信者でもない武藤だからこそ、冷静かつ客観的に猪木を分析できると思ったからだ。

若手時代から〝闘魂〟の呪縛に囚われず、現在は〝プロレスリング・マスター〟と呼ばれ、マット界の象徴に君臨する武藤敬司の猪木論に耳を傾けてみよう。

アントニオ猪木は〝時代と寝た男〟

「猪木さんが俺のことをどう思ってるか知らないけど、俺自身は別に猪木さんのことは嫌いじゃないし、やっぱり尊敬していますよ」

最初こそ「猪木さんの話？　俺は付き人でもなかったし、そんなに深い関わりはねえよ」といっていた武藤だが、いざ取材を始めると、猪木について饒舌に語り出した。

「猪木さんって、感性にしても何にしても、普通の人ではないじゃないですか。普通の人ではできないことをやるっていうね。もしかしたら猪木さんにかぎらず、あの世代の歴史に残っているようなエンターテイナーっていうのは、みんなそうなのかもしれない。戦後の高度経済成長期の映画界なんかもさ、勝新太郎にしても石原裕次郎にしても、みんなイケイケでエネルギーがすげえじゃん。

あの時代っていうのは、ほとんどの人が戦後のマイナスから始まっているわけで、全員がそこからの成り上がりだもんね。ゼロから築いてるから失うものもないんだよ。これが元皇族だ、財閥だってなればあまり突拍子もないこともできないけど、昔のスターっていうのは、マイナスの状況から体ひとつですべてを切り開いてきた人たちだから、そりゃあ、力道山にしても迫力が違うよね。

そんななかで猪木さんは、移民としてブラジルに渡って、向こうで苦しい生活をしているところを力道山に拾われて帰国して、あそこまでになったわけでしょ？　そのハングリー精神っていうのは、今じゃ考えられないもんな。

また、力道山や猪木さんのすごいところは、常に発想が人々の先を行ってることだよ。力道山なんて、まだ日本ではあまりブームではなかったのにゴルフ場を経営したり、リキパレスみたいな多目的レジャー施設をつくったり、周りでは誰も乗ってなかったベンツのオープンカーに乗ったりとかさ。実業家としても、かなり先端を行ってたと思うんだよ。猪木さんだって、アントンリブだタバスコだって、ちょっと先を行きすぎて、その当時はビジネス的にそこまで成功しなかったけど、今じゃ当たり前のように日本に広まっているものばかり輸入してたからね。猪木さんがブラジルから持ってきたマテ茶っていうのもあったけど、あれにしたって烏龍茶が日本に広まるずっと前だからね。もし戦略として、ダイエット飲料みたいな形でマテ茶のほうを先に売り出していたら、そのあとの烏龍茶の需要はすべてマテ茶のほうに行ってたかもしれないもんな。

そういう商売に関しては、猪木さんはちょっと早すぎたんだけど、プロレスに関しては、その半歩先を行く発想で成功したと思う。異種格闘技戦なんかにしてもそうだよ。レスラーとボクサーが闘うっていうこと自体は、アメリカなんかでも昔からあったみたいだけど、そういう昔の映像を観たりすると、やっぱりドサ回りチックというかインディー臭いんだよ。ボクシングやレスリングの公式戦とは全然違う、非合法の見世物みたいな感じでさ。その本来、胡散臭い異種格闘技戦を、あれだけメジャーっぽく見せたのは猪木さんの力だよな。

それまでプロレスっていうのは、世界中どこでも、プロレス界のなかで誰が一番になるかを競っていたものなのに、猪木さんは『格闘技世界一決定戦』なんていう名前をつけて、あたかも世界チャンピオンのベルトより価値が上かのように打ち出したからね。

それで連れてきたのが、最初は柔道・金メダリストのウィレム・ルスカで、次がボクシング世界ヘビー級チャンピオンのモハメド・アリなわけでしょ？　そんなの用意されたら、テレビもつかざるをえないし、メジャー感だって出るよな。アリ戦にしたって、いくら損をしたのか知らないけど、普通の感覚ではできねえよ。それが素晴らしいといってるわけじゃないよ。収支の数字を追ってる人間からすれば、絶対にできねえって。

そういう本来実現できるはずがないことを実現できたっていうのは、猪木さんの力もあるけど、やっぱり時代だろうな。お金を出してくれた人たちも、リングに上がる猪木さんと同様、ワンマンでやってた人たちなんだよ。さっきいったとおり、どうせ成り上がりで裸から始めてるだけだからさ、ダメなら裸に戻るだけだからね。だからその時代の人たちって強えよな。企業のトップから何から、そういう人ばっかりでさ。そういう面白い時代に、猪木さんの突拍子もない発想と行動力が合致したんだろうな」

「ストロングスタイル」と「風車の理論」

猪木のハングリー精神やバイタリティ、そして先進性も含めた功績については最大級の敬意を表する武藤。では、武藤の目からみた、プレイヤーとしての〝プロレスラー〟猪木は、どう映っているのだろうか。

「根底はアメリカンスタイルなんだけど、リアリティという部分を追求したのが、猪木さんのプロレスだよね。そのリアリティっていうのは、強さだとか格闘技だとか、そういうことだけじゃないんだよ。あの表情から何から、観客に『本物だ』って思わせる何かがあるんだよな。

正直、猪木さんは運動神経だけでいったら、めちゃくちゃ悪いよ。球技なんかやらせたらとんでもないことになる。でも、プロレスは運動神経だけじゃないんだよ。技だって、すごい技をポンとやったんじゃ、何の記憶にも残らない。意外とドン臭いほうがリアリティがあって、観客の心に届くんだよな。

それにプラスして、猪木さんはプロレスの基本でもあるやられっぷりもいいんだよ。カッコよく勝つだけじゃ、なんの面白みもないわけでね。そこの振れ幅が大きければ大きいほどいい試合になるわけだから。やられてる時の猪木さんて、すごく哀愁があって、俺は好きだな」

猪木のレスラーとしての天才ぶりは、武藤も含めて誰もが認めるところだ。ただ、武藤が新日本に入門した84年時点で、猪木は41歳。すでに全盛期は過ぎていた。

「だから俺らがデビューした時点で、猪木さんはすでに体力的にキツかったんだろうなって思うよ。そういう時に、バリバリ体力があった頃の長州さんとか前田（日明）さんを相手してたんだから、そりゃあしんどいよな。

だからあの当時っていうのは、猪木さんの試合という作品よりも〝思想〟にファンがついていたのかもしれない。ストロングスタイルだとか、風車の理論だとか、そういった思想で、自分の幻想を大きく見せていた時代だったんじゃねえかな。

その猪木さんの思想を、ある意味で先鋭化させたのがＵＷＦなんじゃないかと思うんだよ。前田さんは、リングスっていうほぼ総合格闘技に近いものをつくって、髙田（延彦）さんは最終的にＰＲＩＤＥという競技にたどり着いたけど、あの2人が最初から総合格闘技っていう世界を目指していたのかどうかは、俺にはわからない。でも、結果的に総合格闘技が、日本に定着したのは事実だからね。そこはパイオニアとしての佐山（聡）さんの力もあったんだろうし。

今、俺は『いだてん』っていう大河ドラマを観ていて、嘉納治五郎っていう柔道をつくった人のこともやってたんだけどさ。あの人が、果たしてどこまで強かったのかは知らないよ？　だけど、あの仕組みをつくって、それがこうして現在まで残って、世界中の人が『ＪＵＤＯ』っていう言葉を知っているわけで。それは素晴らしいことだよ。結果的にＵＷＦも究極はそっちだったのかなって。

プロレスを格闘技にするなんて、本来すげえナンセンスな話なんだけど。猪木さんの影響をモロに受けてしまった若い頃のあの人たちの純粋な想いが、結果的に総合格闘技ってものを生んだんじゃねえかなって。

坂口（征二）さん、マサ（斎藤）さん、長州さんとか、アマチュアイズムから入った人って、絶対にそっちに行かねえし、あの人たちからプロレスを格闘技にするなんて、そんな発想はまず生まれないからね。

とはいっても、坂口さんにしろ、長州さんにしろ、感情のリアリティとか、そういうものは追求してたよ。ヘラヘラ笑ってるようなプロレスを長州さんは絶対に許さなかったもん。そこを若干崩し出したのは俺だけどさ（笑）。だから長州さんの中にも猪木イズムっていうのは色濃く残っていて、ある意味で、猪木信者でもあったんじゃねえかな。

おそらく俺だって猪木信者なんだよ。そうは見えないかもしれないけどさ。猪木さんのプロレスっていろんな面があるじゃん。ＵＷＦ的な思想は俺の中にはないけど、猪木さんの中にあるアメリカンスタイルの部分だとか、観客を手のひらの上に乗っけたり、驚かせたりっていう部分に関しては、すげえ影響受けてると思うからね。

だから、俺らぐらいまでの世代の新日本の人間っていうのは、みんな多かれ少なかれ、必ず猪木さんの影響を受けてるし、それが抜けねえんだよな」

「猪木さんは本当にプロレスを否定してた」

90年代後半、猪木は自身の引退と前後して、新日本とは別団体である世界格闘技連盟ＵＦＯを設立。00年頃からは、筆頭株主である力を利用して、新日本の現場にも介入。ＰＲＩＤＥ人気を受けての格闘技路線を推し進め、現場監督の長州や選手たちとの軋轢《あつれき》が生まれることとなる。そして武藤は、それが元となり02年1月に新日本を離脱。小島聡らと新日本の主要社員数名を引き連れ、全日本プロレスへと移籍した。

「00年の前後って、新日本が本当に揺れてたよな。猪木さんは本当にプロレスを否定してたしさ。なんで自分がやってきたプロレスを否定するんだって、俺は思ってたよ。

格闘技路線っていってもさ、猪木さんがどこまで本当に格闘技が好きなのか、いまいちわからねえんだよ。もしかしたら猪木さんは、ただ格闘技のファンだったたんじゃねえかって思ったりもしたし。

総合格闘技が猪木さんのやりたかったことだとはとても思えない。だって猪木さんはアマチュアイズムが好きじゃないもん。基本、〝興行〟のことばかり考えてる人だからね。アマレスや柔道なんかの勝った負けたにはいっさい興味がないと思う。

ただ、きっと〝強さ〟っていうもんへの憧れはあったと思うんだよな。それと同時に、強さというものの難しさも猪木さんは知ってたんじゃないかと思う。だって、猪木さんの前を通りすぎた人たちって、すげえ人ばっかりじゃん。モハメド・アリにしたって、ウィレム・ルスカにしたって、(ショータ・)チョチョシビリにしたってさ。その道を制した人ばかりでしょ。だから強さへの難しさっていうのを知ってたと思うよ。

だからこそ逆に、〝最強〟みたいなイメージにこだわったんじゃねえかな。憧れてるけど、手に入らないものだからこそ、そのイメージを磨いたんじゃねえかと思う。

あとは横にいる坂口さんの存在もでかいよな。よくドラマとかでも、主演は人気イケメン俳優で、その脇にホントの実力派の役者さんを入れたりするじゃん。で、プロレスの場合、そういう人がナンバー2でいると、『ナンバーワンは、どれほど強いんだろう?』っていう、ひとつの信用というか、説得力が生まれるんだよな。そうやって〝世界一強いアントニオ猪木〟みたいなものをつくり上げてたんだよ。

でも、00年代に猪木さんは、選手に対してそれを格闘技でやらせようとしてたじゃん。そんなもんが、なんでうまくいくと思っていたのかがわからない。

あの頃、なんで猪木さんがPRIDEのほうになびいて、新日本を攻撃するようになったのかっていうのは、実は単純なことなんじゃないかとも思うんだよ。というのは、猪木さんは引退する前後から、選挙に出たり、UFOをつくったり、新日本の外でやりたいことをやってたわけじゃん。それで現場と疎遠になるとさ、たまに新日本に顔を出しても、選手やスタッフが、昔みたいに丁寧な挨拶をしなくなってたんだよな。ところがPRIDEの会場に行くと、『ああ、猪木さん！』ってあっちのほうがいい形で迎えてくれてたからさ、そっちに気持ちが傾いたんだよな、きっと。

だから、新日本の悪口ばっかり言ってたのは、自分の会社だと思ってたところで、みんなから冷たくあしらわれた恨みから来てるって。そんな話を誰かからチラッと聞いたよ（笑）。

で、俺はそんなのに巻き込まれたくないから、イチ抜けしてね。そしたら案の定、俺が辞めてからホントに新日本のリングで格闘技をやりやがったもんな（笑）。さっさと辞めてよかったよ」

「政治家のチャンピオンを目指すべきだった」

武藤が新日本を離脱した際、経理担当も含めた社員を引き連れていったことに対して、猪木は「会社の心臓部を持っていきやがった」と激怒。一時、その関係は悪化したが、それも今は修復されているという。

「俺が全日本に行ってから、猪木さんとは何年も会わなかったんだけどさ。ある時、東スポの写真展かなんかで会って、『元気か？』みたいにいってもらえたんだよ。それで修復だったんだろうな。猪木さんってそうやって、自分を裏切ったような人間でも受け入れる度量がある。だからみんな、一度は猪木さんの元から離れるのに、結局は元の関係に戻るんだと思うよ。

俺なんかも今は、猪木さんに『プロレスリング・マスターズ』に出ていただけないか、考えているからね（笑）。でも、どうせ呼ぶなら、ひとひねり入れたほうがいいよな。今のマスターズは、カード発表前からチケットが売り切れるくらいだから、シークレットでもいいしさ。何かのサプライズで登場してもらうとかね。猪木さんらしい、客を驚かせることがやりたいよな」

インタビューの最後、武藤が「俺はなんだかんだで猪木さんを尊敬していて、はたから見てもカッコいいなと思ってたんだけど、ひとつだけ残念に思っていることがある」と語り始めたので、それを紹介しておこう。

「猪木さんが都知事選への立候補を表明した時があったじゃん？　あれ結局、出馬を回避したけど、玉砕してでも出ておくべきだったと思うんだよな。あの辺からなんか、猪木さんの美学が全体的に崩れていった気がするんだよ。もし、あのままいってたらいい政治家になりそうな気がしたのに、あそこでイメージ落としちゃったから。たとえ玉砕しても都知事に立候補してたらすげえ名前は残っただろうし、プロレス界に戻ってこなくてもよかったんだよ。

北朝鮮とのパイプもあるんだし、ＰＲＩＤＥとか見向きもしないで、政治家のチャンピオンを目指してほしかったね。そうすれば、もっとプロレス界、格闘技界に上から目線でいられたんだよ。スポーツ平和党っていう名前もよかったしさ。スポーツなんて言葉が入る政党なんて、それまでなかったんだから。そしたら今頃、猪木さんが東京オリンピックを仕切ってたかもしれねえよ。

猪木さんはそれぐらいのことをできる人だと思うから、そこだけは残念だったと思ってるんだよ」

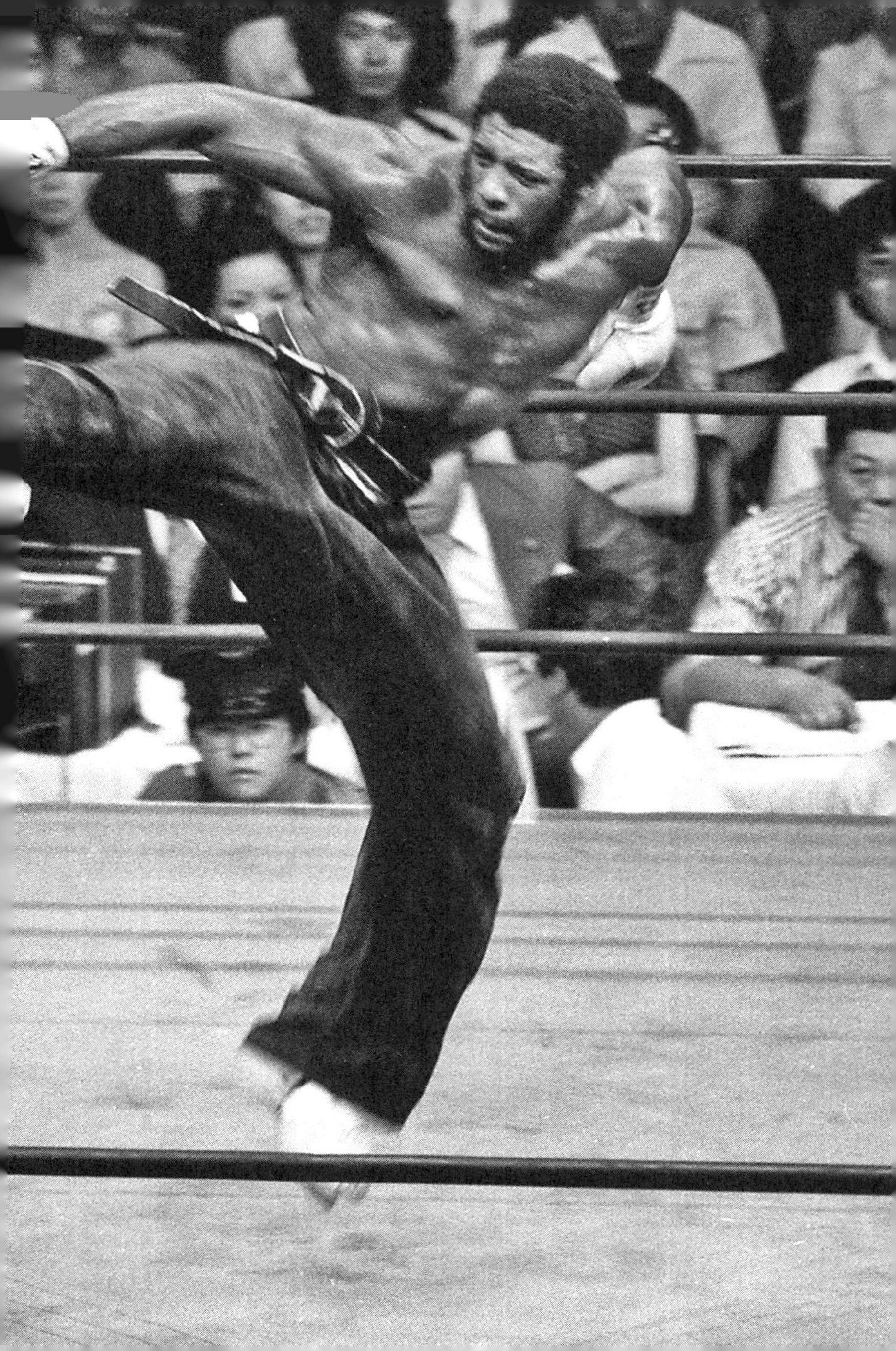

「会長に『俺を敵にまわすのか!?』って、ドスの利いた声でいわれ……」

証言

藤田和之

取材・文●金沢克彦

PROFILE

藤田和之 ふじた・かずゆき●1970年、千葉県生まれ。日本大学在学中にレスリング全日本学生選手権を4連覇し、卒業後には全日本選手権2度優勝。96年に新日本プロレスに入門し、同年、永田裕志戦でデビュー。2000年、新日本を退団し猪木事務所所属に。PRIDEに参戦し「霊長類最強の男」とされたマーク・ケアーに勝利。以降も総合格闘技で、ミルコ・クロコップ、ボブ・サップといった数々の強豪と激闘を繰り広げた。「猪木イズム最後の闘魂継承者」とされ、現在もプロレス、総合格闘技のリングで活躍。

〝猪木イズム最後の継承者〟と称され、新日本プロレス、PRIDEをはじめとした総合格闘技界で一時代を築いた男が藤田和之である。

藤田がアントニオ猪木と初めて出会ったのは、プロ転向前の1996年5月中旬、5日間にわたって行われた合宿の時。場所は琵琶湖の東岸に位置する保養所「レークさがわ」だった。

この合宿は、6月1日に米国ロサンゼルスで開催される「ワールド・レスリング・ピース・フェスティバル」(ロサンゼルス平和の祭典)のメインイベントに出場する猪木が急遽、予定に組み込んだミニキャンプ。

参加メンバーは猪木を筆頭に、永田裕志、石澤常光(現ケンドー・カシン)、外国人留学生のローン・レイス、そして藤田の5名だった。このキャンプに参加する数日前にプロ入りを決意した藤田にとっては、何もかもが初体験。戸惑いのなかでのスタートであった。

当時を振り返って、「初めてプロレス流の練習をしたこと。闘魂棒を振り回していたこと。それくらいしか覚えていませんけど」と藤田はいう。

ただ、その時マスコミのなかで唯一、筆者だけが現地まで取材に出向いた。当時の『週刊ゴング』を確認してみると、トレーニングに初導入された3メートルはあるかという長い闘魂棒を振り回している5人の写真、猪木と藤田がグラウンドでスパーリングをしている写真が掲載されている。筆者の取材に対し大物ルーキー藤田は「目標はアントニオ猪木さんです」と答えており、藤田と肌を合わせた印象として、「見た目と違って柔らかい、いい筋肉をしている」と猪木も藤田のポテンシャルを認める発言を残している。

それを伝えると、藤田の記憶がよみがえってきたようだ。

「あの合宿に僕が参加したのは、猪木会長の付き人を引き継ぐためでもあったんですよ。それまでは石澤先輩が付き人をしていた。その合宿から自分が引き継いで、結局、会長が引退試合をするまでずっと付いてましたね。だから僕は〝現役アントニオ猪木、最後の付き人〟なんです。猪木イズム最後の継承者なんておこがましい（笑）」

プロレスと総合格闘技の両立という誰もやったことのない道に足を踏み込んだ藤田。猪木イズム最後の継承者というキャッチフレーズは、藤田にこそ相応しいと思うが、藤田は照れもあってかそこに抵抗感を示す。

また、その時々で藤田は、「猪木会長」「会長」「猪木さん」と猪木を語る時に呼び方を変える。そこにも、その時の心情であったり、猪木との距離感であったり、そういうものが見え隠れするので、以降は本人の呼び方、証言どおりに記してみたい。

最初にプロレスで肌を合わせた相手

「受け身もロープワークも知らない僕に向かって、初めて会長が『ちょっとリングに上がってみろ。お前は何ができるんだ？』って。『アマチュアレスリングです』というと、ちょっとやってみろということで永田さん、石澤さんとタックルをやったりしていたんです。そうしたら会長が『ちょっと来い』と直々に寝技でプロレスの動き、関節技、絞め技なんかを教えてくれました。スパーリングと呼べるほどのものではなかったんですけど、『なんだ、これは⁉』というのと『ああ、俺はこれで飯を食っていくんだな』という不思議な感覚になったのが第一印象でしたね。今思えば、僕が最初にプロレスで肌を合わせた相手は会長だったということになりますね」

やはり運命的なものがあったのだろうか。それ以来、デビュー前、デビュー後であっても、藤田は時々で新日本のシリーズを抜けることがあった。猪木が海外に出向く際など、付き人として常に帯同していたからだ。

また、98年4月4日、東京ドームで猪木が引退試合を行ったあとも、お呼びがかかれば付き人時代と同様に猪木のもとへ駆けつけることも多かった。

本来が話し好きの猪木。その超大物と藤田はどう接していたのだろうか。

「なんせ雲の上の人なんで会長の話は難しいんですよ。当時の自分の頭の中にはさっぱり入ってこない。だから話の前後をけっこう聞き流していてね(笑)。で、時々ダジャレを振ってくるんですけど、『わかるか?』って。『はあ』って曖昧に答えると、『お前にはわからねえよなあ』って。だから会話が成立しない。新弟子時代には、『はい』と『いいえ』しかいってなかったですね」

それでも印象に残る出来事もあった。

「海外ではサンタモニカ（カリフォルニア州ロス近郊）に行くことが多かったかな。そこの大きなマンションに会長の自宅や事務所がありましたから。印象に残っているのは、ミネアポリスの（ブラッド・）レイガンズ道場に行ったことです。ちょうどドン・フライとブライアン・ジョンストンが来ていて、彼らが新日本に上がる前でした。僕も彼らに交じって道場で少し練習したりしましたけど、そのあとみんなで晩飯食いながらいろいろと話しました」

フライもジョンストンも総合格闘技大会UFCの常連選手。フライは96年2月開催の第8回UFC優勝者で、同年12月のアルティメットオールスター戦「アルティメット・アルティメット」も制覇している。

97年8月、新日本の両国国技館大会にフライは特別参戦。デビューから1年にも満たない藤田と異種格闘技戦で対戦し元UFC二冠王の強さを見せつけた。同時に、大善戦した藤田のポテンシャルの高さも大いに評価されている。

「あの時は、小川直也がプロ入りを表明して佐山（聡）さん、小川選手、自分が一緒に練習していた時期ですかね。猪木会長が先頭に立って、おもにマスコミ用の絵づくりが多かったんですけど（笑）。たまに会長がやってみろよというので小川とやったんですけど、彼は寝技とかうまかったですね。手足が長いのもあるし、寝技で吸いついてくる感じ。なんかベトベトしてるなあ、やりにくいなあって。そういうのを見ていた会長の、『お前、できるな、動けるなあ。ちょっとやってみるか！』という一言でドンとの試合が決まった感じでした」

これは新日本時代の藤田の出世試合のひとつ。以降、藤田には怪物ルーキーとして〝野獣〟〝凄玉〟というキャッチフレーズがついた。

その一方で、藤田は将来を見ていた。自分の上には、闘魂三銃士（武藤敬司、蝶野正洋、橋本真也）がいて、第三世代（天山広吉、小島聡、中西学、永田裕志）がいる。いったい、いつまで待てばトップに上がれるのか？　もっと早く稼げるようになりたい。

先輩の馳浩にはこういわれたことがある。「2年やってみて芽が出ないようだったら、他の道も考えたほうがいいぞ」と。

リングス移籍で「PRIDEならこれだけ出せるぞ」

「自分はこの世界に向いていないのか？」

デビューから3年、99年12月に入って藤田は動いた。知り合いの伝手でリングスのフロント、前田日明のマネージャーと会って話し合いのうえ、新日本退団→リングス入りを決めたのだ。

12月末、藤田は藤波辰爾社長を訪ね、自分の意思を告げた。どうやら、藤波社長がすぐにオーナーである猪木にその件を報告したらしい。猪木から藤田に連絡が入った。

「道場の黒電話に猪木会長から電話がかかってきたんです。『おお、藤田か？　お前、なんか前田のところに行くらしいな』っていわれて。『はい、すいません。ご挨拶が遅れて』って答えると、『お前、俺を敵にまわすのか!?』って、ドスの利いた声でいわれたんですよ。だから、『はぁい?』って。『はい』と『いいえ』しか今までいえなかったけど、その時ばかりは『はぁい?』って語尾が上がってしまって(笑)。そのあと、『まあ、冗談だよ。明日なにしてるんだ? ちょっとホテルに来いよ』って。それで初めて会長の定宿である港区のホテルオークラに行ったんです。レストランで会長と向かい合わせに座って、すぐにいわれました。『前田のほうはいくらなんだ?』って。だから正直に金額もいって、『もう約束したんで』っていうと、『PRIDEならこれだけ出せるぞ。それでいいのか?』と。

『いえ、それだけいただけるならありがたいですけど、もう約束しましたんで』っていうと、『契約したわけじゃないんだから、電話で断ればいいだろ』と。だけど、『筋を通さないと前田さんに申し訳ないんで、ちゃんと話したうえで返答します』といって、前田さんに会いにいったんです。

僕は前田さんに初めてお会いするし、イメージでは怖い人という感じだったから殴られる覚悟で行ったんです。『猪木会長からこういう話があって断れないんで、本当に申し訳ありません!』って頭を下げたら、『いや、いいよいいよ。自分でそう決めたならそれでいいじゃないか。頑張れよ!』と逆に笑顔で了解してくれて。前田さんには感謝しかないですね。それで正式に会長のところでお世話になることになりました」

年明けの2000年1月7日、藤田の新日本退団が正式に発表された。それからわずか1カ月弱の練習期間で、藤田はPRIDEでの初陣（1・30東京ドーム、ハンス・ナイマン戦）を勝利で飾り、第2戦となった5・1東京ドームでは〝霊長類ヒト科最強の男〟と称されていたマーク・ケアに判定ながら完勝。

瞬く間にトップ戦線に駆け上がり、日本人最強のヘビー級戦士と呼ばれるようになった。

「PRIDEに上がるにあたって、試合に関して会長からああしろこうしろといわれた覚えはないんです。ひとつ記憶に残っているのは、『情報戦だぞ。いろいろ情報取れよ』って言葉ですかね。ただ、相手のスタイルを調べて、それに向けて練習するだけじゃなく、相手が今置かれている環境であるとか、心のコンディションであるとか、そういう情報を取ることも大事だぞってことだと思うんですよね。あの言葉って、今になってわかるんです。たとえば、（モハメド・）アリ戦とかがそうだったんじゃないですか。いろんな駆け引きが互いにあった末に実現したわけで。そういう経験からの会長のアドバイスだったんだろうなって」

新日本への〝出戻り〟は猪木の意思

水を得た魚のごとくMMA路線を突っ走っていた藤田。それと同時進行で降って湧いたプランが、思いもよらぬ新日本マット再登場。猪木発令による格闘技路線である。

新日本退団から、わずか1年3カ月で藤田は再び新日本マットに立つ。01年4月9日、大阪ドームでスコット・ノートンから〝最高峰〟ＩＷＧＰヘビー級王座を奪取してのけた。

それから紆余曲折を経て、ＰＲＩＤＥ、Ｋ－１のリングで活躍しながらも新日本マットでＩＷＧＰヘビー級王座を計３度も巻いた藤田。05年10月、蝶野、ブロック・レスナーとのＩＷＧＰ３ＷＡＹ戦（蝶野を破りレスナーが新王者）が最後の新日本マットになるから、４年半にわたりプロレスとＭＭＡの二足の草鞋でファイトしていたことになる。

その４年半は、まさに新日本プロレス冬の時代、暗黒期と呼ばれる時期ともろに重なっている。

「今現在の新日本が成功してるかどうかは知らないですけど、あの格闘技路線が失敗したから暗黒期っていわれるんであってね。いろんなことに挑戦したという意味では、刺激的な時代だったんじゃないかと思うんですよね。そのキッカケが小川vs橋本戦だったろうし、もちろん猪木会長の仕掛けた路線だと思うんですけど、会長は直接、僕にはいわなかった。いつも倍賞さん（鉄男＝猪木事務所社長、新日本役員）でしたね。最初に、『藤田くん、今度、新日本に上がってくれないか？』っていわれた時に、『なんで新日本に上がらなくちゃいけないの？　いまさらできるわけないだろ』とは思いました。

会長の意思だったと思いますけど、会長は絶対にいわないんです。新日本を軌道修正したいというか。会長がよくいっていたでしょう？　『プロレスも格闘技も分ける必要はない。どっちも闘いだ！』って。それは会長からしたらいわなきゃいけない立場ですよ。別ものなんだっていってしまったらそこでビジネスが終わってしまいますから。だから僕も闘いは同じだっていってましたよね。

ただ、それを誰ができるのかって思いましたし、『会長はやってたんですか？』と聞きたい気持ちもありました。でも『わかりました』といった以上、やりましたけどね。

まあ、IWGPのベルトはキャスティングだったと思うけど、それを持ってしまった以上どうしたらいいんだろう？って。きつかったですよ。しんどかった、気持ち的には。だって、プロレスのほうは3年程度で新弟子みたいなものでしたからね。ただ、チャンスだと思ったら行かなきゃいけない。それが猪木さんの闘魂かもしれないし、挑戦し続けなきゃいけないって、自分なりに精いっぱいやりました。それが結果的にああいう時代になりましたけど。それは誰もやったことのない事例だから、会長もやらせようという発想が生まれたと思うし。本当に誰もやっていないんだから、やってみなきゃわからないんですもんね」

「猪木vsアリ戦は茶番」発言の真意

ひとつ興味深いエピソードがある。03年8月、K－1が米国ラスベガス大会を開催した時に、あのマイク・タイソンをリングサイド席に招待した。そのタイソンを試合後に挑発したのがボブ・サップ。それにタイソンも応じる構えを見せた。高額のファイトマネー、過去の犯罪歴によってタイソンの入国不可問題など諸問題を抱えながらも、K－1サイドは粘り強くタイソンをK－1

のリングに上げるべく奔走していた。

その時タイソン戦に名乗りをあげたのが藤田だった。04年5月22日、K－1「ROMANEX〜格闘技世界一決定戦」（さいたまスーパーアリーナ）でボブ・サップに2分15秒でタップアウト勝ちを収めた藤田の鼻息はますます荒くなった。藤田は、あのモハメド・アリ戦を実現させた猪木に憧れていた。

「もう、今はあの男しかいないでしょう。タイソンとやれるなら俺はボクシングで、殴り合いで闘ってもいいですよ。そして、猪木vsアリ戦が茶番だったということをみなさんに知らせてやりたい」

この過激な発言を、筆者は『週刊ゴング』にも掲載したし、K－1「ROMANEX」のパンフレットにも寄稿している。今回その件を藤田に問うと、「いってませんよ。いってない、いってない」と強く否定。しかし、私が実際に書いていることを説明すると、しばらく考えてからこう返答した。

「まあ、ネタで終わりましたけどね。やりたいとは思いましたよ。そんないい方したのなら、若気の至りですね。若さって無謀ですね。当時はギラギラしていたから。ま、名声というよりお金が欲しかったんですかね。

もう今となってはどうでもいい話なんですけど、猪木vsアリ戦は、こっちはスタンドできない、あっちはグラウンドできないって。だからお互いに殻に閉じこもった試合だったでしょ？　だからシュートだっていわれても、殻に閉じこもった試合だったら悪くいったら茶番、よくいうならガチンコですよね。

あ、思い出した。若いから勢いあまっていったんですけど、たぶん僕はあの時思ったんですよね。お互い殻に閉じこもった闘いだったけど、俺はボクシングでも何でも行くよって。相手の土俵に上がってもやるよって。勝ち負け以上に飛び込む勇気ないのかよ、みたいな。そこが言葉足らずだったんでしょうね。いつも言葉足らずですね、僕は。だから、ヘタクソだし、しょっぱいんです（笑）」

小川戦後、猪木に怒りをぶちまけた理由

05年末、新日本と猪木事務所の関係が完全に断絶状態に陥った。それに伴い06年に入って猪木事務所は閉鎖。これによって猪木と藤田の師弟関係はいったん途切れることになる。

以降、PRIDE、戦極、K-1「Dynamite!!」と戦場を変えていった藤田が再び猪木と顔を合わせたのは、11年8月27日のIGF（イノキ・ゲノム・フェデレーション）両国大会。出場をドタキャンしたジョシュ・バーネットの代役としてジェロム・レ・バンナと対戦したのだ。

「家にサイモン（・ケリー・猪木）さんが突然来たから、一緒に飯食いに行ったら、『出てもらえないですか？』って。だから、『いいですよ』って即答しました。プロレスの試合でバンナとや

ったんですね。会場では会長に久しぶりにお会いして、『よろしくお願いします』って挨拶したら、『おお。よろしく頼むな』って。別に、それだけです。会長とはその言葉だけで十分なんですよ」

ＩＧＦといえば、特別な一戦があった。12年12月31日、両国国技館で行われた「ＩＮＯＫＩ　ＢＯＭ-ＢＡ-ＹＥ」のメインイベント、藤田和之vs小川直也の一騎打ち。このマッチアップには戦前から不穏な空気に包まれていた。小川の挑発的な言葉に対し、藤田がブチ切れてしまったのだ。

今の藤田は対小川どころか、猪木にまで手を出しかねない。そんな噂まで乱れ飛んでいた。決戦当日、なぜかリングサイドに猪木の姿はなく、試合中に「おい、会長どこ行った？」と藤田が場外に降りて猪木を探すシーンも。レフェリー5人態勢というのも有事に備えた不穏さを象徴していた。

それでいて、試合自体はまったく噛み合わないプロレスに終始して、最後はテイクダウンを奪った藤田が素手で小川にパンチを振り下ろしたところで即、レフェリーストップ。

あまりに不完全燃焼の結末に観客から大ブーイングが起こった。試合後、やっと猪木がリング上に姿を現すと、すさまじい形相で迫って行ったのが藤田。

「おい、会長！　なんだよ、これ！　また仕掛けたな？　やるならテメーら2人でやってろ。俺はやめた！」

そう吐き捨ててバックステージに引き揚げてきた藤田は、涙を流しながら訴えた。

「くだらねぇー。平和だ平和だとぬかして、あっちこっちに火をつけてよ、戦争始まったら平和だって？　都合よくねぇーか！　一番の戦争の原因はアントニオ猪木、アンタじゃねぇーか。人、バカにしやがって。悔しくて涙出てくるわ。何がアントニオ猪木だ。小川と2人で一生やってろ、バカ野郎！」

試合そのものより、藤田がリング上で猪木に詰め寄った鬼の形相と、戸惑いを隠しきれない猪木の表情。さらに、試合後に涙を流しながらの怒りのコメントが最も印象に残っている。

「会長への不信感とかではないですよ。何で観てないのかな？　観るって聞いていたのに、何でいないの？　それだけ盛り上げてきたし、弟子同士の試合なのに。だから、何でいないの？　ということを訴えたら、猪木さんは観客に向かって怒っていたんです。何か違うほうに怒りをぶちまけていて、こっちに来るかなと思っていたんですけど。

たしかに俺も感情的になってましたね。そこは猪木会長のいう、『怒れ！』ですよ。お前は何に怒ってるんだって、よくいわれましたから。あの場では、その教えを守ったわけですから。『これにどう答えるんですか？』って投げかけたわけですから。正直、会長は鳩が豆鉄砲くらったみたいな顔をしてましたけど、俺にはこなかったですね。でも、もう会長も忘れてるんじゃないですか？　そういうのを根に持つようなこともなかったし」

「〝千両役者〟というのは猪木さんのためにある言葉」

実際、それ以降も藤田はＩＧＦの大会に継続参戦した。そこで、藤田が思い出したように面白い話を披露してくれた。14年8月30～31日、北朝鮮でＩＧＦが「インターナショナル・プロレスリング・フェスティバルｉｎ平壌」を開催した時のこと。この大会に藤田も参加している。

「でも根に持ってたのかもしれないですよ（笑）。北朝鮮の試合が終わってメシを食っている時、突然会長が言い出したんです。『鶴の恩返しって昔話あるだろ？　知ってるか？　どうしようもない、使い物にならないヤツに飯食わして面倒みてやってよ。でもある日、突然いなくなったから空を見たら飛んで行って、よ～く見たら鷺（サギ）だったんだよ。わかるか、藤田？』って。それをニヤリとしていわれたんですけど、あれ、それってもしかして俺のことなのかなって。やっぱり根に持っているのかなと思って、『すいません』としかいえなくてねえ（笑）」

根に持っているかどうかはともかくとして、このアントンジョークをようやく藤田も理解できる年代になったのだ。

藤田が最後に猪木と面と向かって話したのは、16年9月末のこと。9・25「ＲＩＺＩＮ」（さいたまスーパーアリーナ）で元大関のバルトと対戦し、0－3の判定負け。涙ながらに「ひと区切りついた」と引退を匂わせるような発言を残した数日後のこと。

「あの試合から数日たってご挨拶に行きました。『お世話になりました』っていうと、『いいのかそれで？　仕事しなくていいのか？　生活もあるだろ！』と。『はい』って答えると、『まあ、頑張れよ』っていってくださって。そこで会長ともひと区切りでしたね。それ以来、お会いしてないです。いつまでも会長、会長じゃないだろうしね。本当に感謝してますよ。行くあてがないようないちアマチュアの選手を、ここまで生活できるようにしてくれたんですから。僕はラッキーですよね、もし出会う人を間違えていたら、今はないでしょうね」

では、プロレスラーのアントニオ猪木を藤田はどう見ていたのか？

「あんなすごい人いないでしょう。二度と現れない最高のプロレスラー。〝千両役者〟というのは猪木さんのためにある言葉だと思いますね」

ならば、最後に人間・アントニオ猪木から何を感じて、何を学んだのか？

「そばにいたらダメなんですよ。ものすごく大きい人ですから。そばにいすぎると、本当の大きさがわからないんですよね、猪木さんの。側近みたいにベッタリの人って、勘違いしちゃうんですよ。みんな猪木さんに頭を下げてくるから、自分も偉くなったかのように。だから、遠く離れてみると、すごい人だ、大きいなって改めて気づく。付き人だからって、ある程度距離を取ることは必要だし、猪木さん猪木さんとゴマするようなのはダメ。間違えちゃいけない。猪木さんに呼ばれたら、すぐに駆けつける。普段は少し距離を取っておく。これが大切なんです。すごいパワーなんで。人にパワーを与えてくれるけど、人のパワーも吸い取ってしまう人ですから。そこに惑わされてしまう人も多いんですよね。もうしばらくお会いしてないけど、もし猪木さんに呼ばれるようなことがあったら僕はすぐ駆けつけますよ。付き人時代の習性がまだ多少なりとも残っていますからね（笑）」

asics

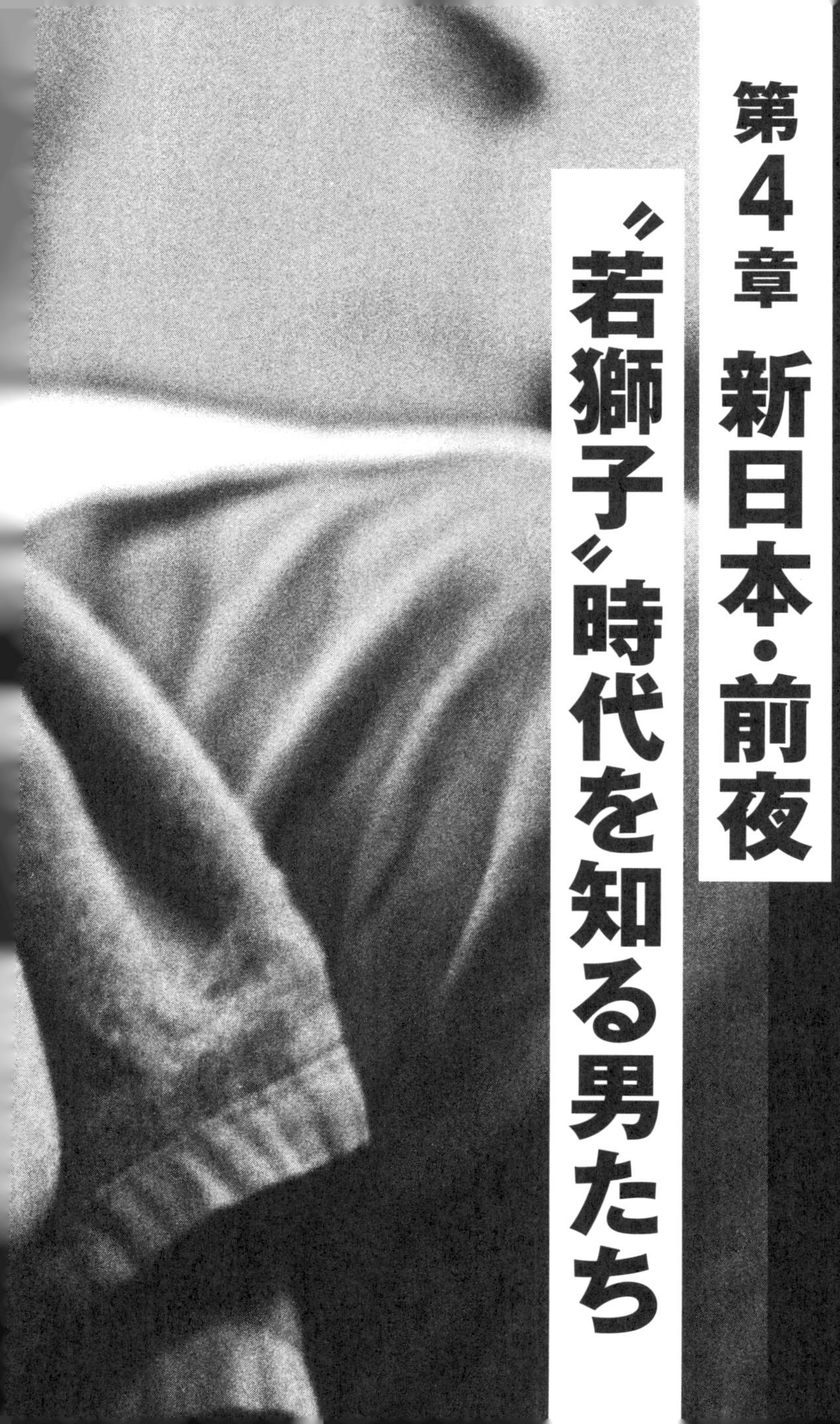

第4章 新日本・前夜

〝若獅子〟時代を知る男たち

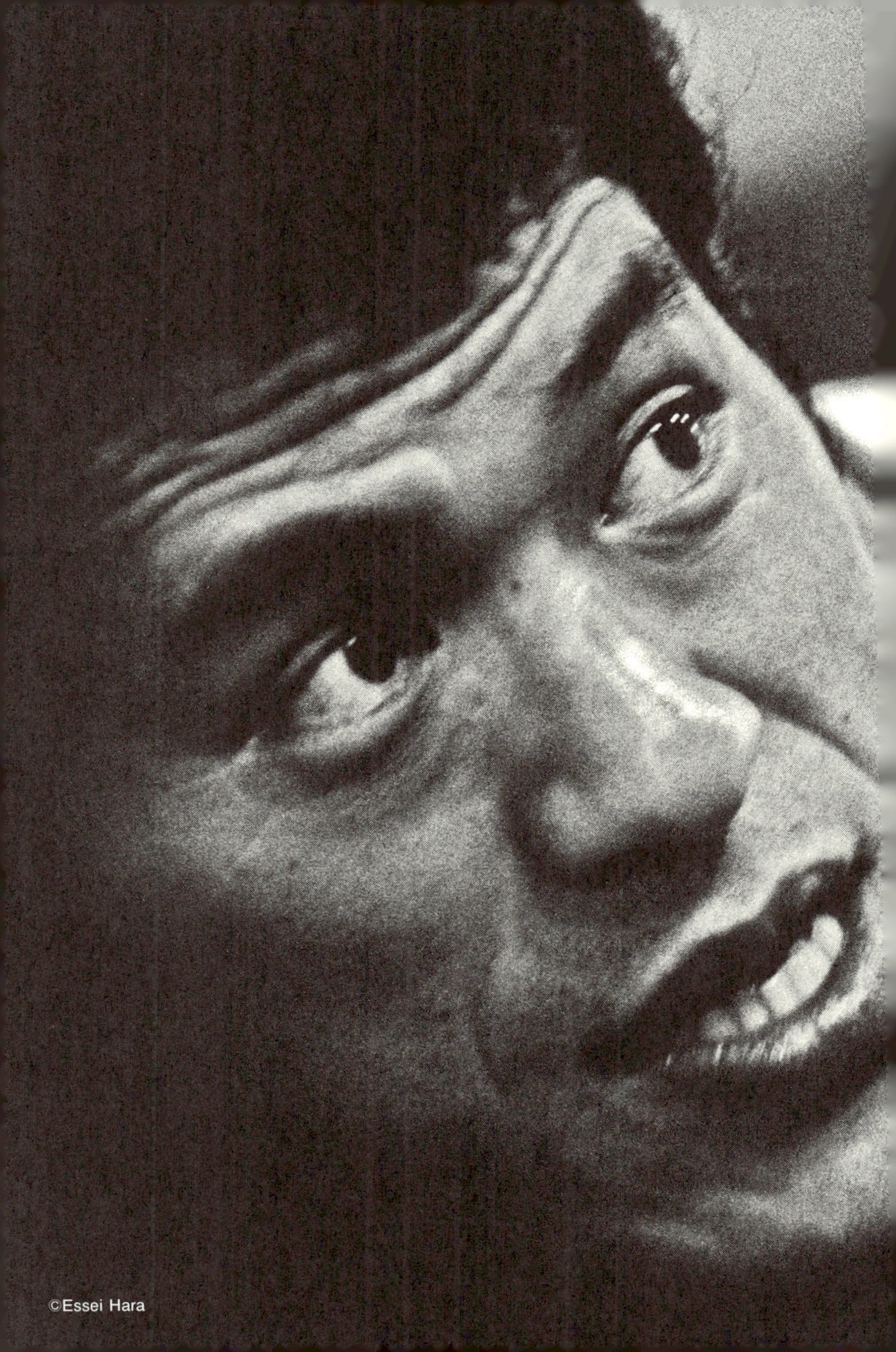

©Essei Hara

「プロレス頭は、馬場さんより猪木さんのほうが一枚も二枚も上手」

証言

グレート小鹿

取材・文●堀江ガンツ

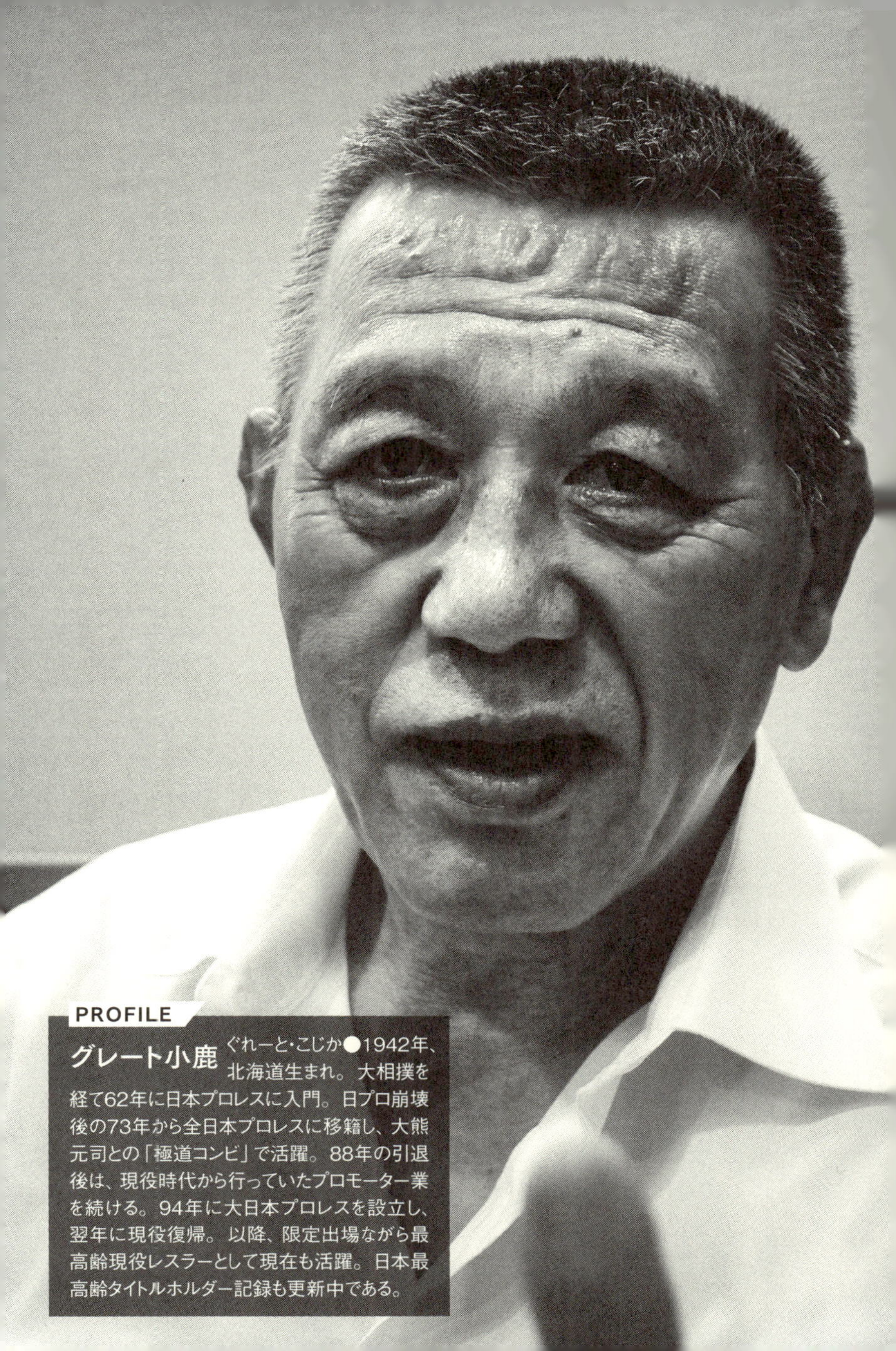

PROFILE

グレート小鹿 ぐれーと・こじか●1942年、北海道生まれ。大相撲を経て62年に日本プロレスに入門。日プロ崩壊後の73年から全日本プロレスに移籍し、大熊元司との「極道コンビ」で活躍。88年の引退後は、現役時代から行っていたプロモーター業を続ける。94年に大日本プロレスを設立し、翌年に現役復帰。以降、限定出場ながら最高齢現役レスラーとして現在も活躍。日本最高齢タイトルホルダー記録も更新中である。

1942年生まれ、現在77歳のグレート小鹿は日本における現役最古参レスラーだ。また、日本プロレス界の父、力道山の最後の弟子のひとりでもある。

「力道山先生から教えを受けた弟子というのは、もう僕と猪木さんぐらいしかプロレス界には残ってないんですよ。存命なのもあとは、北沢（幹之《もとゆき》）ぐらい。だから歴史の真実というものを、しっかりと語っておかなければならないとも思っている。この世界、嘘や間違った伝聞が事実として一人歩きしていることが多いからね。

僕の場合は、日本プロレスのいち選手というだけでなく、選手会代表として役員もやっていた。だから会社のこともある程度はわかるし、間違っていることは『間違っている』といえるのは、もう僕ぐらいしかいないんですよ。だから、日本プロレス時代の猪木さんについても、僕が知っている本当のことをお話ししますよ」

「ガチンコが強かったのは猪木さん、上田さん、大木さん」

グレート小鹿は、62年に大相撲から日本プロレス入り。猪木、馬場の3年後輩だった。

「僕が20歳で日プロに入った時、馬場さんはアメリカに行ってていなかったけど、猪木さんは日本にいて、トップではないけど、もうスターだったんですよ。

合宿所に入っていちばんびっくりしたのは、休みの日に猪木さんが黒電話で誰かと話してたんだけど、『プロレスのアントニオ猪木です』っていうだけで、飛行機の切符が取れちゃったこと。僕らは田舎者だから、飛行機の切符の買い方なんかわからないじゃん。それが電話一本で、名前を言っただけで取れちゃう姿を見て、すごいな〜と思いましたよ。

また当時の日プロの練習というのは、基礎運動をみっちりとやったあとはセメントの練習ばかり。猪木さんは強かったですよ。僕はいつもいうんだけど、スパーリングでは1秒間に3回ぐらいギブアップ取られてる感じだったから。それぐらいメチャクチャにやられた。僕は相撲から来て、寝技なんてやったことないから、上を取られたら動けなかったからね。だから、入門してから1年ぐらいは、猪木さん、上田馬之助さん、大木金太郎さんなど、ガチンコの強い人たちの〝汗かき要因〟だった。僕とのスパーリングなんて、あの人たちにとってみたらウォーミングアップみたいなものだったから。

でも、3カ月ぐらいしたら寝技でも動けるようになって、1分もたなかったのが、5分、10分もつようになる。そして1年したらある程度はできるようになる。そうやって、みんなセメントが強くなっていく。そういう部分では、僕を強くしてくれた猪木さんには感謝しているんですよ。セメントを身につけていたからこそ、アメリカに行ってからも、渡り歩くことができたからね」

その後、小鹿は63年5月にデビュー。翌64年に猪木はアメリカ修行に出発する。

「だから、猪木さんとはそんなに長い間、一緒ではなかったんですよ。猪木さんが66年に帰国する時は、そのまま豊登さんに誘われて東京プロレスへ行ってしまったからね。猪木さんはあそこで一度運命が変わっちゃったと思う」

幻に終わった豊登の「大阪プロレス」

小鹿によると、東京プロレス設立の背景には豊登の借金問題があったという。

「豊さんは知ってのとおり博打好きで、お金が右から左なわけ。それで豊さんが日プロを辞める前、豊さん、芳の里さん（日本プロレス社長）、運転手の藤井さん、そして僕の4人で、八王子の野鳥を食べさせる店に行ったことがあるんだ。

その帰り、池尻に車を止めて、豊登さん、芳の里さんがなんか熱を入れてしゃべっているのを、僕は助手席で聞いていたわけ。そうしたら豊さんは芳の里さんに『実は俺、オヤジ（力道山）から〝今後は日本プロレスの他に、大阪プロレスをつくって、年に1回対抗戦をやればもっと儲かる。お前が大阪プロレスをつくれ〟っていわれてたんだ』って言い出した。芳の里さんは『俺はそんな話、知らねえよ』っていうんだけどね。

これはあとからわかったんだけど、豊さんは会社から4000万円から5000万円の借金があったんだよ。結局、それをチャラにするために、『俺は日プロを辞めて大阪プロレスをつくるから、借金は退職金で棒引きにしてくれ。残りは対抗戦で払うから、若いもんを半分譲ってくれ』って話だったんだ。

その1週間後くらいに豊さんが、馬場さんや芳の里さんといった幹部連中を除いた日プロの若い衆20人前後を自宅マンションに集めて会議を開いたんだよ。

そこで『これは淳ちゃん(芳の里)も了解してることなんだけど、俺が大阪プロレスをつくることになった』とかいうわけさ。でも、僕は豊さんが芳の里さんと話した場にいて知ってたから、豊さんに『ちょっと待ってください。芳の里さんはそんなことといってませんでしたよ』っていったら、『バカ野郎！　小鹿、なにいってんだ！』って言い出してね。

しょうがないから、『ちょっと失礼します』って高千穂(明久＝ザ・グレート・カブキ)と一緒にその場を抜けて、芳の里さんを探しに行ってね。リキパレス3階のサウナにいた芳の里さんを見つけ出して『大変ですよ！　豊登さんが若手をみんな集めて、大阪プロレスをつくるっていってます。芳の里さん、了解したんですか？』って聞いたら、『何いってんだ、俺は知らない』って、慌てて着替えて、豊さんのマンションまで行った。

それで『豊さん、申し訳ないですけど、芳の里さんの前で、さっきの話をもう一度してください』っていったら、何もいえなくてね。で、話は決裂して、芳の里さんが帰ったあと、また僕は豊さんに『小鹿、てめえ何やってんだ！』ってまた怒られたんだけど。僕はバカ正直だったたんだよな、よくあんなことをいったと思うよ。

そこで大阪プロレスをつくれなかった豊さんがつくったのが東京プロレス。猪木さんは、アメリカ遠征から帰国前にハワイで豊さんに説得されて、行ってしまった。その時は豊さんを信用しちゃったんでしょう。ある意味、猪木さんも被害者だったんだと思う」

猪木から聞いた「日プロ」放漫経営の実態

結局、東京プロレスはわずか3カ月であっけなく倒産。猪木は日プロに出戻り、馬場とのタッグ「BI砲」を結成。表向きは二枚看板であったが、日プロのエースはあくまで馬場。猪木は、そこからだいぶ差をつけられたナンバー2であり、この関係がのちの火種になっていく。

「東京プロレスがすぐに潰れて、猪木さんは日プロに戻ってきたけど、そこから日プロの中に〝猪木派〟っていうのができ始めたんですよ。猪木派はユセフ・トルコ、山本小鉄、北沢幹之、藤波辰巳（現・辰爾）、木戸修くらいしかいなかったけど、それがのちの新日本プロレスになっていく。

で、僕は〝馬場派〟に見られることが多いけど、どっちかというと、馬場さんというより、社長の芳の里さんの側にいたんだ。だから、猪木さんが馬場さんに一騎打ちを迫っていた時は、芳の里さんに『小鹿、馬場をちゃんと守れよ』といわれてたから、馬場さんの防波堤になっていたけど、気持ち的には猪木さんのほうに親しみを感じていた。若い頃によく稽古をつけてもらったこともあるし、猪木さんは志もよかったからね」

小鹿は67年からアメリカ武者修行に出発。テネシーを皮切りに、フロリダ、ロサンゼルスなどでヒールとして活躍。

その間、日本ではBI砲人気で、日プロは再び黄金期を迎えていた。しかし、日プロ幹部たちはその人気に浮かれ、ほとんど仕事もせずに高給を受け取り、連日のように夜の街で豪遊。あまりにもどんぶり勘定な放漫経営で、十分な稼ぎがありながら、会社の内情は火の車というひどい有様だった。

そんな状況を見かねた猪木が、会社改革を訴え始める。

「70年5月頃、僕がロサンゼルスにいる時、猪木さんが来たことがあるんですよ。リトル東京に『若柳』という日本料理屋があって、そこの大将と女将さんは、猪木さんを若い頃からかわいがっていたんです。で、僕もロス時代はそこに出入りしてたんだけど、ある時、そこの大将に『小鹿さん、今度猪木さんが来るよ』っていわれて、『若柳』で会うことになった。猪木さんと会うのは、僕が日本を離れて以来だから2年以上ぶりだったかな。そこでいろいろと日本の状況を聞いたんですよ。

『引退した人間がフロントに入って、〝言い値〟で給料を決めている。本来、いちばん高い給料をもらわなきゃいけないメインイベントの選手が安いカネで、何もしてない幹部連中がのほほんとカネを分配している状態だ。これを直さなきゃ日本プロレスの将来はないぞ、小鹿』とね。

当時、奈美悦子、由美かおる、金井克子らがいた西野バレエ団の事務所が青山通りにあって、ビルが2棟も建ってたんですよ。猪木さんは『女数人であんなビルが建って、なぜ俺ら大の男がこれだけやって建てられないんだ』ともいってましたよ。酒を飲みながらそんな話を朝までして、帰りに駐車場で2人並んで立ちションベンしながら、『小鹿、早く日本に帰って来いよ。俺の考えはわかったろ?』『わかりました、一緒にやりましょう』って意気投合した思い出があります」

上田のリークで猪木のクーデターは失敗

小鹿はこの4カ月後の70年9月に凱旋帰国。しばらくすると選手会を代表して役員にも抜擢された。

猪木は、馬場とのBI砲で日プロの人気を牽引するが、どんぶり勘定の経営は一向に改善されなかったことで我慢の限界が来て、71年末、ついに改善のため行動に移す。選手会長だった馬場や上田に働きかけ、日本プロレスの経理に関する不正を糾弾し、芳の里、吉村道明、遠藤幸吉の3幹部追放を訴えるべく動き出したのだ。

猪木はまず、自らの後援会長でもある経理士の木村昭政に日プロの経理を調べさせ、多額の使途不明金を突き止める。そして所属全選手の署名入りの幹部追放嘆願書を作成。この要求が受け入れられない場合、全員が退団するというものだった。改革決行の日は、71年12月13日に決定。臨時株主総会を開き、役員の改選、つまり幹部追放に動くはずだった。

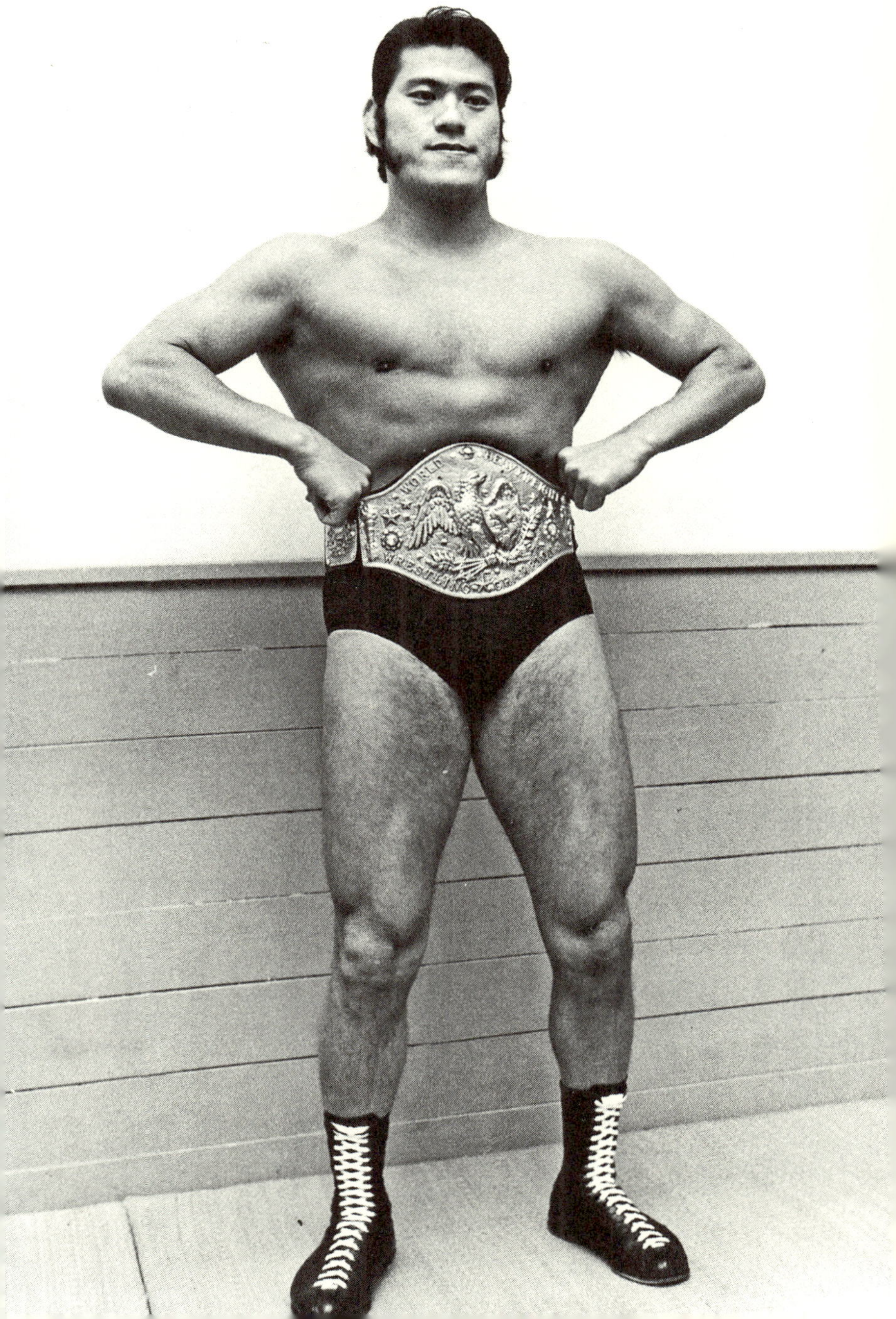

しかし、その計画は決行前日に幹部に知られることとなり、失敗してしまう。

「猪木さんが臨時株主総会を開こうとしていた日、社長の芳の里さんたちは、全国のプロモーターを集めて、大々的にゴルフコンペを開く予定だったんですよ。

で、その前日、僕と芳の里さんと吉村道明さんの3人で新宿の『九州』というスナックで飲んでいたら、そこに上田さんから電話がかかってきて、芳の里さんに猪木さんの動きをリークした。上田さんの話では、その計画には馬場さんも加わっているということだったから、すぐに馬場さんも電話で呼び出して、事の真相を問いただした。それで猪木さんの改革は失敗したんです。

猪木さんの志はよかったんだけど、僕にいわせれば、取り巻きがよくなかった。とくに当時、猪木さんの後援会長だった木村昭政という人間を入れたことで、改革がおかしな方向へ行ってしまったと思う。

この木村というのは、もともと遠藤幸吉さんと組んで代官山の日プロ合宿所の手抜き工事をやってさ。浮いたカネを山分けしたりしていた人物。工事して何カ月かで、もう合宿所は雨漏りしてたんだから。そういう人間が猪木さんの参謀なんだから……参謀が悪いよね。

結局、『内部を改革して、選手のための会社にする』はずが、いつのまにか幹部を追放後、猪木さんをトップにして、その木村という人間が幹部ポストに座る話になってた。要は、猪木さんは、金儲けのために利用されたんですよ」

NETによる「新日本・日プロ」合体計画

幹部を追い出すべく動いていた猪木だったが、逆に「社内改革と称し、会社乗っ取りを謀った」として、71年12月13日の幹部会で除名処分がくだる。

こうして馬場ら主力選手の多くを巻き込んだ幹部追放騒動は、猪木が会社乗っ取りの汚名を着せられ、追放となることで決着したのだ。

しかし、転んでもただでは起きない猪木は、日プロを追放されたあと、すぐ新団体設立に動き、翌72年1月に新日本プロレスを設立。新団体の事務所は、なんと代官山にあった日プロの道路を挟んで斜め前。距離として200メートルしか離れていない場所につくられた。

「あの時は、ふざけたことをやるなと思って、僕とミスター林で向こうの事務所に乗り込んでいったんですよ。それぐらいピリピリした状況だったね」

当初、猪木1人を追放してもビクともしないとタカをくくっていた日プロ幹部だったが、72年3月に日本テレビが中継を終了。同年7月には馬場も退団を表明し、全日本プロレスを設立すると一転窮地に陥る。

NETテレビ（現・テレビ朝日）の中継こそ残っていたものの、馬場、猪木の両エースと、日本テレビの中継を失ったことで、観客動員数は激減し、テレビ視聴率も急降下してしまったのだ。

当時の状況を小鹿はこう語る。

「あんなにたくさん来ていたお客さんが、1年もたたないうちに、半分どころか数分の1まで減ってしまった。でも、それは当たり前なんです。日プロの人気というのは、馬場さんと猪木さんの2人でもっていたもの。BI時代の人気を100としたら、馬場さんが49、猪木さんが49、残りは2。それがそのまま、全日本、新日本、日プロの人気の割合だったんですよ。もう、僕らの給料も滞るようになるし、合宿所でちゃんこを食べる食事代も出ない。仕方がないから当時の若い衆は、日銭を稼ぐために出前持ちや、肉体労働をしてなんとか食いつないでたの」

もはや崩壊待ったなしの状況。この状況に危機感を抱いたNETは、水面下で「猪木・坂口合体計画」を進行させる。これは日プロと新日本をひとつに合併させて、その新団体をNETが放送するというものだったが、土壇場で大木金太郎らの反対に遭い頓挫。結局、坂口一派がNETとともに新日本に移るという結果となった。

「あれは僕の知らないところで話が進んでいたんだよ。当時、出羽海部屋の後輩だった安達（勝治＝ミスター・ヒト）が僕によくニュースを持ってきていたんだけど、ある日、『坂口さんが何か動いてますよ。NETと新日本に行くとか』っていってきたんだよ。

でも、僕は『バカ野郎！　坂口は俺を信用してるんだから、そんな話があったら、いの一番に相談に来るよ！』って、却下しちゃったの。そしたら、しばらくして坂口が僕のところに来て『実はこういう話があります。一緒にNETに来てください』といわれてね。

でも、それは俺に内緒で進んでいた話だったから断った。僕ひとりで行ったんじゃ、若い衆10数人を置いていくことにもなるからね。あの時、もし坂口が最初から僕に話をしてくれてたら、若い衆をみんなまとめて新日本に行っていたと思う。結局、それが運命の分かれ道みたいなものだったな」

「アイデアの猪木」に「カネの馬場」は負けた

そして72年4月、日本プロレスは崩壊。小鹿ら日プロ残党は、全日本に吸収合併される。そして87年に引退勧告をされるまで馬場に仕えてきたが、〝全日側〟から見た、猪木、新日本をこう語る。

「正直、プロレスについての頭は、馬場さんより猪木さんのほうが一枚も二枚も上手。新日本がうらやましいとは思わなかったけど、81年にタイガーマスクが登場してからは、もう新日本にはかなわないとも思った。馬場さんが、いくらカネを使って大物外国人を呼んでも、興行成績でもテレビの視聴率でも、全日本が新日本に勝つことはできなかった。猪木さんと馬場さんでは、もうアイデアが違いすぎる。

馬場さんはアイデアがないからカネを使うだけ。当時、1週間1万ドルぐらいの選手を1シリーズで8人呼んだりしていた。海外に行った人間なら、それがどれくらい法外な値段かわかる。

よく『馬場さんは、外国人レスラーに信頼がある』というけど、それは日本テレビから引っ張ってきたカネを湯水のように使っていただけ。あれだけカネを使ったら、みんな喜んで来るよ。それで僕ら日本人選手の給料は低く抑えてるんだから、たまらない。外国人ひとりに1シリーズ500万円も払うなら、日本人選手に年俸1000万円払って、頑張って活躍させたほうがいいでしょうが。ファーストクラスの飛行機代なんかもいっさいかからないんだし。それをやっていたのが、猪木さんですよ。

タイガーマスクにしても、藤波にしても、長州にしても、自前の選手をスターに育ててあげて、あれだけカネを稼がせるわけだから。

猪木さんは高い選手は高いなりに使う。馬場さんはビッグスターを10人もいっぺんに呼ぶけど、そんなにたくさん来ても、メインイベントで使えるのは2〜3人。残りは前座や中盤で使うから、スターがスターに見えなくなる。でも、猪木さんはシリーズでトップで使う外国人は1人か2人。そこだけにお金を使って、大スターに売り出す。その使い方の違いが、新日本と全日本の興行成績にそのまま跳ね返っていた。

結局、全日本と新日本の差は、馬場さんと猪木さんの差。2人はリング上で闘うことはなかったけど、この勝負、最後は猪木さんの勝ちだった。僕はそう思うね」

©Essei Hara

猪木「東京プロレス移籍」「日プロ復帰」にまつわる事件の真相

証言

北沢幹之

取材・文●安田拡了

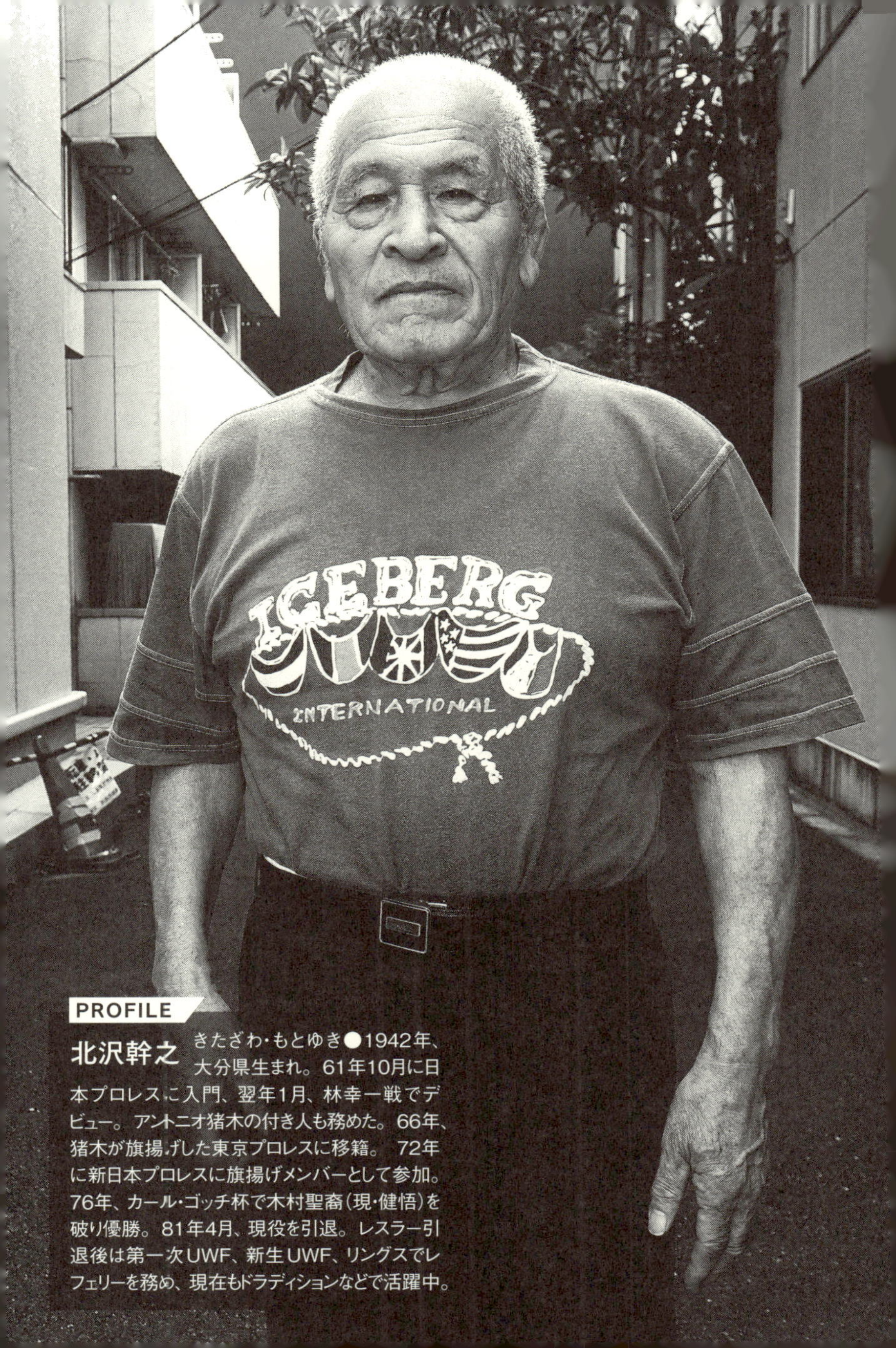

PROFILE

北沢幹之 きたざわ・もとゆき●1942年、大分県生まれ。61年10月に日本プロレスに入門、翌年1月、林幸一戦でデビュー。アントニオ猪木の付き人も務めた。66年、猪木が旗揚げした東京プロレスに移籍。72年に新日本プロレスに旗揚げメンバーとして参加。76年、カール・ゴッチ杯で木村聖裔（現・健悟）を破り優勝。81年4月、現役を引退。レスラー引退後は第一次UWF、新生UWF、リングスでレフェリーを務め、現在もドラディションなどで活躍中。

1965年12月、リキパレスは大混乱に陥っていた。力道山の死後、日本プロレス興業社長の座にあった豊登が、役職を利用して2000万円を超える横領をしていたことが発覚し、追及を受けていたのだ。そして同月24日、ついに結論が出された。

「いっさいを不問。その代わりにすべての役職を辞任して、日本プロレスに辞表を出し、また今後は日本プロレスにかかわらず、迷惑をかけないこと」

豊登は病気療養を名目に同月31日付の辞表をもって日プロを〝追放〟された。66年1月5日の日プロ記者会見では「我々は豊さんの申し入れを受理することにした。今、豊さんに抜けられると大きな穴が開く。一日も早く元気になってほしいが、その穴を埋めるべくアメリカにいる猪木を帰国させることも考えている」と芳の里代表取締役副社長がコメントした。

日プロでは1月6日、臨時取締役会で芳の里を新社長に決定。ジャイアント馬場が選手会長兼取締役となって新生・日本プロレスがスタートしていった。

この頃、猪木はアメリカ・テネシーにいた。日本時間1月2日、猪木はヒロ・マツダをパートナーにNWA認定世界タッグ選手権に挑戦。見事に奪取し、日プロでは早く猪木を帰国させて、馬場とともに盤石な体制をつくり上げようとしていた。豊登が日プロを追放になったことは、まだ猪木に告げられていなかった。猪木のもとに豊登から「新しいプロレス団体をつくるから参加してほしい」と電話が入ったのは2月に入ってからだった。

猪木は豊登から誘いがあったが、日本のプロレス界の事情がわからず、はっきり返事はしなかった。猪木は日本の情報を得るため、そして3月26日から始まる第8回ワールドリーグ戦への参加準備のために、ロサンゼルスに向かう。

ロスで猪木と会ったブッカーのミスター・モトは「日本からは何も聞かされていない」というだけで猪木を不安がらせたが、ワールドリーグ参戦のために猪木は中継地としてハワイに行った。しかし、猪木がハワイ入りすることがわかっていながら、ホテルの予約がされておらず、猪木は日プロに不信感を持ったとされる。

3月12日、吉村道明がハワイに入り、その前に来ていた馬場とワイキキビーチで会った。猪木は2人を見つけて話しかけるが、まるで腫れ物に触るような態度だったという。

それもそのはずだった。日本では猪木が豊登の新団体に参加するというニュースが新聞を賑わしていた。2月には日プロから数名の若手が失踪。豊登の誘いで、田中忠治、木村政雄（ラッシャー木村）、高崎山三吉（北沢幹之）、斎藤昌典（マサ斎藤）ら新弟子を含めて約10人が、静岡県伊東市瓶山《かめやま》の平野荘で合宿をしていたのだ。失踪した若手は新団体に参加すると思われていた。さらにキム・イルやヒロ・マツダも新団体に参加するという話が新聞を賑わした。当然、ハワイの猪木が豊登に合流するのも時間の問題とみられていたのだ。

“太平洋上猪木略奪事件”の裏事情

日プロで馬場に次ぐナンバー2として、順調にスターへの階段を登っていたと見られていた猪木が、なぜその地位を捨て、東京プロレスに移籍したのか――。猪木本人を除く唯一の生き証人である北沢幹之が、当事者として、至近距離で見たその内実を語ってくれた。

「私ら若手が、豊さん（豊登）のお金の問題を知っていながら新団体に行こうと思ったのは、豊さんが『猪木が来る』とキッパリというし、私は猪木さんとともに強くなるんだという夢を持っていたからなんです。豊さんのお金の不安よりも夢の実現に頭が向いていた。

猪木さんはふざけた試合なんか一度も見せたことがなかった。マサ斎藤なんかも『俺は日プロに残っている連中にはレスリングじゃ絶対に負けないという自信がある』といってました。本当に、私は強さを求めるほうが頭にあった。

豊さんに誘われた伊東の合宿では、山の上にある平野荘の庭にマットを敷いて練習しました。音がすごくて、近くの住人から苦情も出た。山を走ったり、海岸に行って受け身の練習をしたりしました。

元レスラーの竹下民夫は日プロの営業部にいたけど、辞めてこっちにきた。彼はもともと豊さんのことを『何となく信用ができないな』といっていたんですけど、豊さんの『レスラーに戻す』という条件があったから日プロを辞めて合宿に参加したんです」

新団体に行くことを決めた北沢は社長の芳の里に電話をしている。

「芳の里さんに、豊さんの新団体に行くと電話を入れた。すると芳の里さんは『俺なんかが至らなかった。本当に嫌な思いをさせて悪かった。帰ってきたいと思ったらいつでも帰ってこい』と泣いてわびてくれた。あれは今も忘れられませんね。そんなふうにいわれたが、その時はまったく戻る気はなかった。それよりも新天地で頑張ろうという気持ちが強かった」

話をハワイに戻すと2月15日、吉村、馬場、猪木はディーン樋口のジムでトレーニングをしていた。日本では猪木のワールドリーグ参戦の記者会見が行われた。キム・イルもヒロ・マツダも新団体参加を否定した。これで豊登の新団体勧誘が失敗したと思われた。ところが……。

飛行機嫌いで有名だった豊登が、猪木に会うためにハワイにやってきたのだ。それだけでも猪木はうれしかったし、豊登の「日プロにいても馬場の引き立て役にしかならん。実力はお前のほうが上だ。お金はたっぷりある。新団体でトップを張ってくれ」の言葉に、それまでの日プロに対する不信感もあって猪木は新団体に行くことを決意したのだ。世にいう〝太平洋上猪木略奪事件〟だった。

「実をいうと、ひょっとしたら猪木さんは豊さんについていかないんじゃないかと思ってました。豊さんは、たしかに人はいいし、面倒見もいいけど、ギャンブル好きで信用されていなかったですからね。でも口がうまいし、若い頃に小遣いをもらったりしていたから、結局、猪木さんは断れなかったんじゃないですか。

猪木さんはしょっちゅうオヤジ（力道山）に殴られたりしてたけど、よく豊さんが止めたり、かばってくれたりしてた。オヤジは豊さんのいうことはよく聞いてましたからね。豊さんも『オヤジが俺のいうことを聞かなかったら殺してやる』とまで、よくいってましたからね。血の気の多い人でしたから。オヤジは豊さんに一目置いていたのは確かです。だから猪木さんは豊さんに対して、感謝のような感情があったんだと思います」

バレンタイン戦で猪木が見せつけた馬場との違い

66年4月23日、豊登と猪木がハワイから帰国。羽田空港のレストランで東京プロレス設立発表。5月21日、東京プロレス設立準備委員会が旗揚げ声明。6月3日、新宿・コミネビル内事務所で、豊登、猪木が役員人事と旗揚げの青写真を発表。役員は協会会長・板橋菊松（日本法制経済学会会長）、理事・新間信雄（日蓮宗住職。新間寿の実父）、理事・古屋勇造（協立オート・ドア社長）ら6名。この会見で地方興行を担当するオリエントプロモーション（埼玉県朝霞市）の稲垣英人代表は「四方八方敵だらけのなかでやり抜こうとする豊登の心意気に打たれた。たとえ赤字になってもやり抜く」とぶち上げた。

10月12日、東京プロレスが蔵前国技館で旗揚げ。観衆1万人（主催者発表）。リングサイドにわずかな空席があったが一般席は完売で、相撲関係者も「本場所でも滅多にない観客動員」と驚いたという。猪木はストロングスタイルのジョニー・バレンタインと時間無制限1本勝負。前々日の前夜祭レセプションでバレンタインが猪木に殴りかかり、応酬。そのレセプションで猪木は馬場に挑戦状を郵送することを公表。猪木と馬場の対立の口火を切った。

試合は猪木がバレンタインをリングアウトで破った。残念ながらテレビ放映はなし。名勝負だっただけにこの時の映像が現存していないのは残念極まりない。

「ものすごい試合でした。2人とも手加減しないで殴り合ってました。張り手はそれほどやってないんですが、猪木さんはジャンプしてチョップをバレンタインに入れてました。すごくカッコよかったです。あんなジャンプして。普通は疲れてできるもんじゃないですよ。猪木さん、スタミナが抜群だったですね。ガチンコに近い迫力のある試合でした。あの試合で猪木さんは馬場さんとの違いを見せつけたんじゃないですか」

この旗揚げ戦の成功は、東京プロレスの未来を明るくさせたように思えた。しかし、北沢は不安を隠せなかったという。

「豊さんと田中忠治がチケット売り場に入ってね。友人に『豊登がチケット売り場にいたので、なんだかがっかりしたよ』といわれましたけど。私も別な思いで、なんで豊さんと田中がチケット売り場にいるのかなと思いましたが、あ、そういうことかと気づきました。あの時、豊さんと田中は売上金を相当抜いたんじゃないですかね。あの旗揚げ戦はずいぶん儲かったはずなんですよ。だけど旗揚げ戦までの支払いが2000万円だったらしくて、それを返したら結果的にはお金が少ししか残らなかったんです」

猪木の試合は素晴らしいし、選手たちもポスター張りや友人たちにチケットを買ってもらうために頑張っていた。しかし、豊登の怪しい行動もあって、頑張っている選手たちの給料にしわ寄せがきていた。

「ちゃんこ代はもらえたので食うことはできました。だけど興行数が少ない段階で、1試合1万～2万円くらいのギャラじゃやっていけない。ちゃんこ代は理事の新間さんのお寺に田中が取りに行ってました。でも、その金まで田中が抜いていたということがわかって、あとで問い詰めましたが、のらりくらりと説明もできない。そんな感じでした。練習に身も入らなくてね。だけど、やることがないので練習するしかなかった……」

東京プロレス〝板橋暴動事件〟の顛末

そして、66年11月21日、〝板橋暴動事件〟が起こった。

10月28日の東京・板橋大会は大成功だった。興行担当のオリエントプロモーションは総務部長・中村孝一氏（興行の責任者）と実弟の中村雅彦氏が手がけていた。この中村兄弟が夢よもう一度で、11月21日に板橋駐車場での興行を強引に組み入れた。

東京プロレスは中村兄弟に興行開催の条件として、これまでの未払い金を要求し、試合前と試合後に支払われるという確約をもらっていた。ところが、客入りが伸びず、未払い金が試合前に支払われることはなかった。

猪木は「約束を守ってくれ。試合は中止です」と選手たちを引き上げさせた。何も知らずに1時間近くも試合開始を待たされた観衆は苛立ち、試合の中止を知るに至って、ついに暴動となった。暴動は広がり、鎮静のために警視庁の機動隊が出動することになった。

「あの時は、猪木さんが『払ってくれなきゃ、中止する』と話したら、責任者の中村さんがいわなきゃいいのに『止めるなら止めてみろ』というので、猪木さんも若かったから、売り言葉に買い言葉じゃないけど『よし、もう止めだ』と選手を引き上げさせたんですよ。ただ、俺たちが猪木さんに『やりましょう』といえば猪木さんはやってくれたと思う。中村さんもお金が払えないんだったら、正直に払えないと謝ってくれればよかったのに、お金も払わないで偉そうにいってきたからね。それを選手たちも聞いて、みんなやる気をなくしたんですよ。

あの事件で東京プロレスは日本でもアメリカでも信用をなくしました。アメリカの新聞にもこの事件は載ったとマティ鈴木（元プロレスラー）から聞きました。そしたらデイリースポーツの記者が『おかしいな。なんでアメリカの新聞に？（ヒロ・）マツダさんの差し金じゃないかな』といっていた。マツダさんは悪い人じゃないですけど、あの頃、敵も味方も疑心暗鬼だったということですよ」

そんな状況のなかで、豊登は入金があるとすぐにお金を持ち出してギャンブルにつぎ込んだ。それを知った猪木はついに行動を開始した。豊登と監査役の新間信雄、営業・経理部長の新間寿を業務上横領で告訴に踏み切ったのだ。

翌67年1月8日、銀座のレストランで行われた会見で、猪木を横に荒井秀雄弁護士はこう語った。

「被告は、東京プロレスで行った興行収益金約3700万円を横領、用途不明の手形を乱発、帳簿もつけず、乱脈な経理で会社に多大な損害を与えた。現在の負債は5000万円から6000万円」

この時、負債だらけの東京プロレス興業の社長は猪木から北沢へと移っていた。すでに猪木の実兄の猪木康郎を社長にした新会社「東京プロレス株式会社」が発足しており、猪木や選手（豊登と田中忠治を除いた）は新たに選手契約を結んでいた。それにしても猪木に頼まれ、負債を背負って社長になった北沢の心中は穏やかではなかっただろう。

「いえ、別になんとも思いませんでした。まあ、何とかなるだろうと思っていました。私は猪木さんのことが好きだったから、負債を押しつけられたなんて思いませんでした。告訴は猪木さんが率先してやった。猪木さんは豊登さんがメチャクチャなことをやっていたんで、本当に許せなかったんです」

新間側は逆に「名誉毀損、誣告罪《ぶこく》」で猪木を告訴し、告訴合戦となった（豊登は告訴しなかった)。東京プロレスはこの告訴合戦によって崩壊。結局、新間信雄、新間寿は検察から調べを受けたが背任横領の事実はなく、不起訴となった。この不起訴によって猪木は両氏に謝罪。新間父子は告訴を取り下げた。

猪木の日プロ復帰は日テレの指示

東京プロレス崩壊後、日プロは猪木の復帰に動いた。67年4月6日、丸の内パレスホテルで川島正次郎日本プロレス・リングコミッショナーが会見し、正式に猪木の日プロ復帰となった。
「日プロ復帰の時、猪木さんもつらかったと思いますね。東京プロレスの選手全員を日プロに連れて帰りたかったはずですから。猪木さんは復帰する時、全員連れていけないんだと話してくれた。その時、『私のことはいいから、柴田（勝久）と永源（遙）だけでも連れていってください』と猪木さんにいいました。

結局、猪木さんは柴田、私、永源を連れていっただけでした。本当は寺西（勇）も連れて行きたかったみたいですね。もう少し待ってくれと猪木さんはいっていたんですが、寺西は待てなくて国際プロレスに行ったんですよ。

お金がなかったから日プロから支度金として10万円いただきました。ありがたかったです。10万円なんか久しぶりでしたからね。それと猪木さんは復帰して間もなく日プロのテレビを見て

『ああいう試合をやってたんじゃ、ダメだろうな』といっていました。迫力がないじゃないですか。馬場さんもだんだん人気が下がっていくだろうなと。もうひとつ、猪木さんの復帰の真相は、実は日本テレビの指示。このままじゃ低迷すると考えたからと聞いています」

猪木の日プロ復帰は日テレの指示――。実は京谷泰弘氏（力道山時代の日本テレビプロデューサー）から筆者も実際に聞いたことがあるので、北沢の発言通り、日テレの指示だったのは間違いない。それにしても出戻りレスラーには厳しい業界。北沢らはイジメられなかったのだろうか。実際に様々な派閥もあったと聞くが。

「たしかに日プロは派閥争いが激しかったですからね。馬場派、猪木派、芳の里・吉村派。今思うとぞっとします。

馬場派は大熊元司、駒秀雄（マシオ駒）、轡田友継（サムソン・クツワダ）。吉村・芳の里派はキラー・カーン、安達勝治（ミスター・ヒト）、グレート小鹿。猪木派が東京プロレス出身の私と柴田で、復帰後、木戸修、藤波辰巳（現・辰爾）も猪木派になった。永源はすぐに芳の里さんにくっついた。世渡り上手だからね。

馬場派は穏健だったので大丈夫でしたが、気をつけなきゃならなかったのは安達でしたね。安達は新弟子をよくイジメていましたから。藤波なんかも安達のそばには寄りつかなかった。下関の大会の時、安達が酔っ払って宿舎に帰ってきて、大広間で藤波を捕まえてぼんぼん投げて受け身を取らせていた。『いいかげんにしろよ』と私は怒りました。木戸は脅されても動じなかったですね。

比較的穏健な馬場派でも轡田が大宮スケートセンターで試合中、誰かにけしかけられて私に仕掛けてきましたね。拳を振り回してきたんですよ。田中米太郎さんがレフェリーだったけど、拳振りあげてきた轡田を止めないんですよ、反則なのに。仕方がないので、こんなヤツのパンチが私に当たるわけがないと思いながら、右フック1発。私は90キロ、あいつは125キロ以上あったけど、吹っ飛んだ。私はボクシングを習っていたんでね。轡田は歯が3本くらい折れた。2階の控室から馬場さんが飛んできた。猪木さんは控室から出てこなかったけど、あとで『やっちゃいましたね』といったら、『よくやった』といってくれましたね」

「スパーリングで、オヤジ（力道山）は猪木さんに勝てなかった」

陰湿なイジメを受けていた猪木派だったが、猪木本人に対しての嫌がらせはなかったという。そう、実力と人気で猪木は周りを黙らせたのだ。

「復帰と同時に猪木さんの人気が一気に上がったんで、嫌がらせのしようがないですよ。久しぶりに猪木さんの試合を観た駒さんが『いやあ、すごいレスラーになったなあ』とびっくりしていたっ。とくに猪木さんの人気が上がったのは69年のドリー・ファンク・ジュニア戦とワールドリーグのクリス・マルコフ戦。すごくいい試合だった。でも、その頃から今度はねたむ人が多くなりましたね。

日プロの道場では、猪木さんにビビッてみんな近寄らなかったです。練習も荒っぽかったし、手加減しないですから。だからいつも、私が相手をさせられた。おかげで、他のヤツに腕を極められたことないですよ。

私はあの当時90キロあったんですが、猪木さんがマットでブリッジしていて、猪木さんの腹の上にトップロープから飛び乗るんですよ。猪木さんは『ちょっと軽いな。もう少し重いヤツのほうがいいな』といってました。そういうのを見ているから、他の選手たちはビビッてね。轡田なんか、猪木さんのそばにも寄らなかったくらいでした。

猪木さんのようなレスラーはもう出てこないですよ。実はね、猪木さんがアメリカに行く前にオヤジ（力道山）とスパーリングをちょっとやったんです。だけどオヤジは猪木さんに勝てなかったですね。ひっくり返して押さえたら、オヤジが猪木さんの腕を掴んで『これ以上やるな』と合図した。すぐに終わりましたね。

改めて東京プロレスの歴史を見てみると、猪木さん自身は回り道したなあと思ってるんじゃないですかね。まあ、人生勉強だったんでしょうけどね。私にとっても東京プロレスは過ぎたことだからしょうがないと思う。しかし、そんなことよりも私の人生を振り返ると猪木さんの強さに憧れて一生懸命に練習して、いうなれば猪木さんは私の人生のすべてでしたね。苦い東京プロレスを経験したから余計にそう思います」

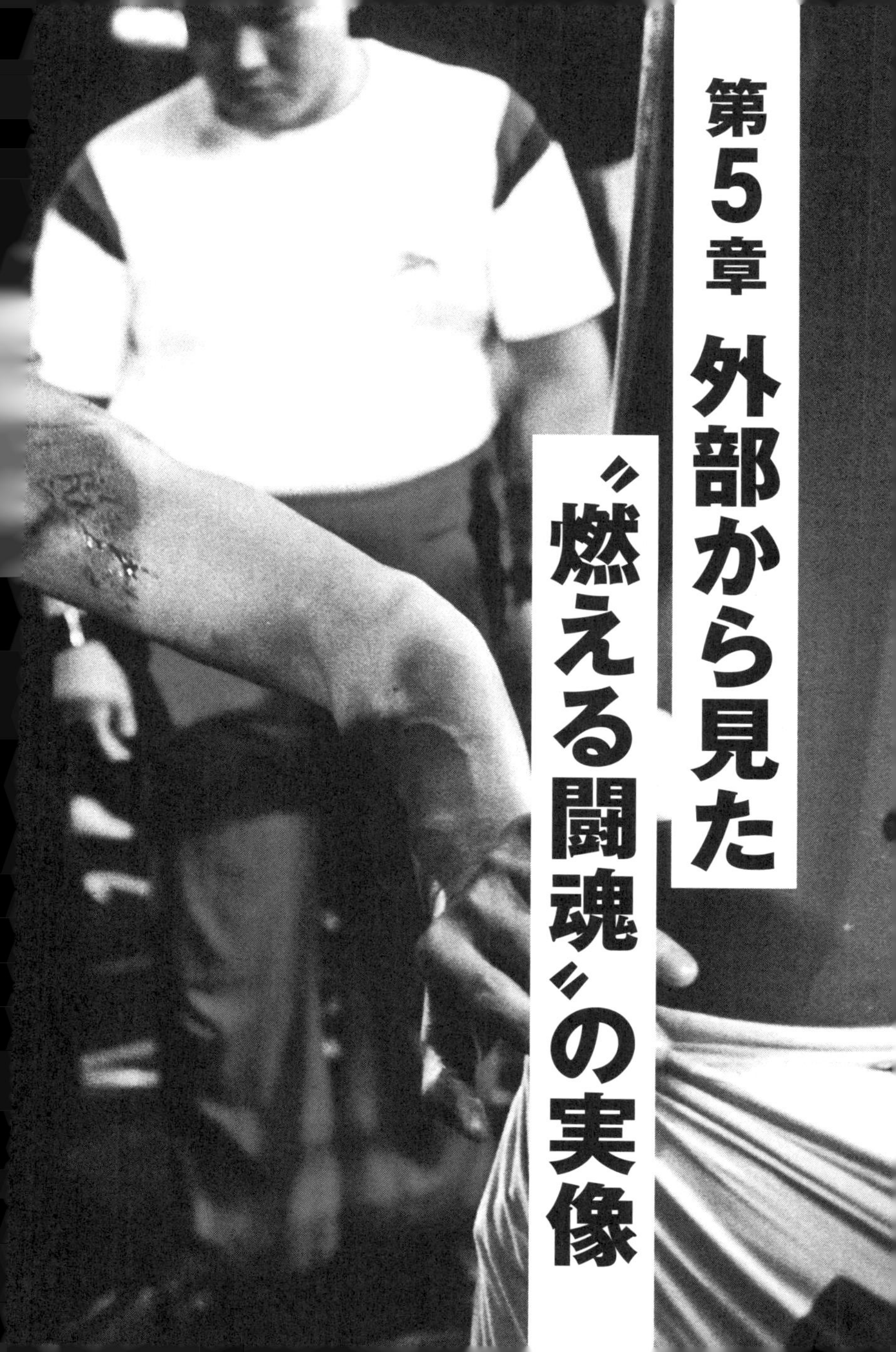

第5章 外部から見た〝燃える闘魂〟の実像

どんな大金を積まれても、やるつもりはなかった猪木との再戦

証言

天龍源一郎

取材・文●松下ミワ
撮影●タイコウクニヨシ

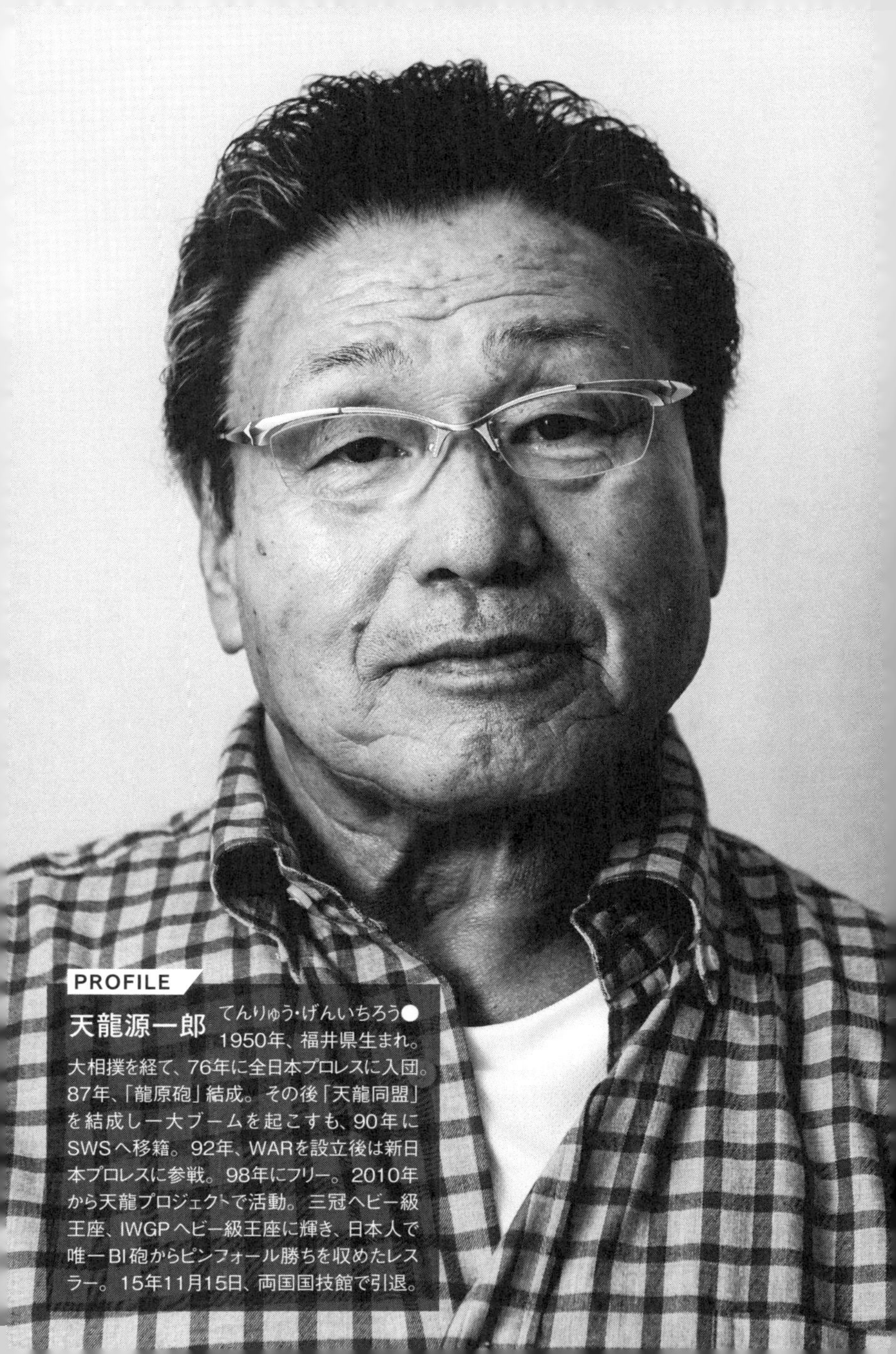

PROFILE

天龍源一郎 てんりゅう・げんいちろう●1950年、福井県生まれ。大相撲を経て、76年に全日本プロレスに入団。87年、「龍原砲」結成。その後「天龍同盟」を結成し一大ブームを起こすも、90年にSWSへ移籍。92年、WARを設立後は新日本プロレスに参戦。98年にフリー。2010年から天龍プロジェクトで活動。三冠ヘビー級王座、IWGPヘビー級王座に輝き、日本人で唯一BI砲からピンフォール勝ちを収めたレスラー。15年11月15日、両国国技館で引退。

「自分の生きた時代のプロレスをすべて体感したい」

闘いに対する貪欲さと好奇心から、団体の垣根を超え、数々のトップ選手と夢の対決を実現させてきた〝ミスター・プロレス〟天龍源一郎。そのキャッチフレーズで呼ばれる揺るぎない根拠は、昭和の2大ビッグネームであるジャイアント馬場、そしてアントニオ猪木からピンフォールを奪った唯一の日本人レスラーであるという偉業にある。

13歳で相撲部屋入りし、13年間のキャリアを築いた天龍は、1976年9月場所を最後に大相撲からプロレスへと転向。そこで選択したのは、猪木のいる新日本プロレスではなく、馬場率いる全日本プロレスだった。

猪木の「相撲取りは使えない」発言で全日本へ

「新日本プロレスに行くという選択肢がまったくゼロだったわけではないですよ。あれは20歳ぐらいかな、猪木さんをいちばん最初に認識したのは倍賞美津子さんがきっかけでね。当時、初場所終わりにテレビ番組で芸能人と相撲取りの歌合戦をやってたじゃない。ある時、たまたま倍賞さんが番組に出ていて、俺らの控室の前を通った時に、『この人がアントニオ猪木というプロレスラーと結婚する人だな』と思いましたよ。

でも、名古屋場所が終わったある日、中京スポーツを読んでいると、猪木さんが『相撲取りは使えないヤツばかりだ』としゃべっているのを目にしてね（苦笑）。いざ自分がプロレス転向するとなったとき、間に入ってくれていた人がたまたま馬場さんのほうにいた人だったから、『たしか、馬場さんからはそんな話は出てなかったな』ということで、気持ちがスーッと馬場さんのほうにいったのを覚えていますね」

76年10月、馬場とともに全日本入団記者会見を行った天龍は、プロレスを習得するためにすぐさまアメリカ修行へ。ドリー・ファンク・ジュニアらに師事するなど通算3度6年にわたって海外修行を行うなか、得意技のひとつとして延髄斬りを会得した。もちろん、延髄斬りは猪木の代名詞ともいえる技のひとつである。

「あれはノースカロライナ時代の話で、新日本にも上がったことがあるブラックジャック・マリガンとアメリカで試合をしていた時に、『お前、ジャパニーズなら猪木が使っているラウンドキックできるだろ?』といわれたんですよ。俺も『別にやれないことはないよ』と。雑誌とかで猪木さんが使っている技だというのは知っていたけど、『ジャンプして相手の後頭部を蹴ればいいから』ということで、アメリカでは見よう見まねでやってましたね。でも、日本に帰ってきた時に、それを使うわけにはいかないなというのは当然ありました」

ところが、アメリカで習得したこの延髄斬りは、帰国後も天龍の必殺技として繰り出されることになる。さらに、猪木の必殺技として知られる卍固めも天龍の得意技として定着していくが、その発端は帰国した81年7月、ビル・ロビンソンと組み、馬場&ジャンボ鶴田のインターナショナル・タッグ王座に挑戦した時のことだった。

「あの試合は、それが終われば俺は1週間後にアメリカのダラスに行くことがもう決まっていたから、吹っ切れた気持ちがあってね。そういうなかで、ロビンソンに『ラウンドキックとか卍固めとかを使いたいんだけど、大丈夫かな？』と聞いたんです。そしたら、ロビンソンは『ヨーロッパで昔から使われている技だから、好きに使っていいよ』と。当時の俺はプロレスに来てまだ日が浅いから、それを聞いて『そういうものなんだな』とすごく気が楽になったんですよね。

実際、試合で延髄斬りを使ったらね、一瞬、お客さんがスーッと静かになったんですよ。だから『あれ？　なんかヤバいのかな？』と思ったんだけど、そのうちにまた観客がワーと沸くようになったから『あ、これでいいんだ！』って」

ロサンゼルスでの猪木との会食

この〝吹っ切れた〟闘いはメディアでも高く評価され、天龍を取り巻く状況は一変。1週間後に予定していたアメリカ行きは白紙となり、天龍は、馬場、鶴田に続く「第三の男」として全日本で独自の地位を築いていくことになる。

84年2月にはUNヘビー級王座獲得、同年9月には鶴田と組み、インターナショナル・タッグ王座へ。奇しくも、宿敵・新日本の長である猪木の技を武器に、天龍は全日本で躍動した。

「周りの反応？　その頃は、全日本と新日本は交流もなかったし、レスラー同士が口を利くこともなかったからね。当然、新日本の中では『猪木さんの技を使いやがって』という騒ぎはあったと思うけど、全日本にはそういう情報はシャットアウトされていたから。

まあ、俺は3回ほどアメリカに行って、帰ってくるたびに中堅のまま芽が出ない存在だったから。全日本の中では、そういう選手が猪木さんの真似をしたぐらいにしか思われてなかったし、なかには、そんな俺が〝猪木の真似をする〟ということを小気味よく思っていた人もいたかもしれないね。

でも、使い始めてから今日まで、猪木さんから『俺の技を使いやがって』という話は一度もいわれてない。ましてや、新日本の人間からも一言もいわれてないですよ」

そんな天龍は、実は全日本時代に、2回ほど猪木と直接の接点があったことを明かしている。

一度目は83年、東京スポーツのプロレス大賞授賞式でのこと。

「俺がプロレス大賞で敢闘賞をもらった時のことですよ。ひな壇に並んでいる若いレスラーに猪木さんが順番に『おめでとう』と握手するわけです。その列の先にいる俺は『全日本の俺とも握手してくれるのかな』と。そしたらちゃんと『おめでとう』といってくれてね。俺のあとにも新人賞のターザン後藤がいたんだけど、後藤は緊張して一生懸命に手汗をズボンで拭っているもんだから『お前、全日本だろ！』って（笑）」

そして、二度目は89年、偶発的にセッティングされたロサンゼルスでの会食だった。

「共通の知人が『源ちゃん、今、猪木さんがロスに来てて、飯でも食おうといってるよ』と。俺は『あの猪木さんが？　本当にいいんですか？』とビックリしたんだけど、『大丈夫、大丈夫』ということで一緒についていった覚えがありますね。

当時の俺はまだプロレスを理解していない頃だったから話した内容はよく覚えてないんだけど、『不思議な人だなあ』って。だって、初対面のまだ芽も出てない俺に、猪木さんはプロレスのいろんな夢を語るんですよ。普通は見定めるじゃない。相手はどんな人間か、どんなレスラーなのかを。でも、猪木さんは会った瞬間からありったけの夢を語るんだからね」

この〝芽が出ない〟というのはあくまで天龍の謙遜で、当時の天龍は87年以降の阿修羅・原との「天龍革命」、89年鶴田を破っての三冠ヘビー級王座戴冠、スタン・ハンセンとのコンビ〝龍艦砲〟での世界タッグ王座獲得、その龍艦砲で闘った馬場&ラッシャー木村戦における馬場からの3カウント勝利という、揺るぎない地位を築いている。

さらにこの時代、「猪木さんと闘ってみたい」というコメントを、天龍はことあるごとに残していた。

「それは、記者から『猪木さんの技が出ましたね』なんて聞かれるもんだから、俺も『いつか闘ってみたい』といっていただけで。それを猪木さんがどう受け止めていたかもわからないし、ましてやWARと新日本との対抗戦がスタートしてからも、まさか猪木さんと闘えるなんて思ってなかったですよ。俺は夢の夢を語っていただけの話でね。対抗戦だって、俺たちは長州力とかそのへんと闘って、まあ、そういう感じでいくんだろうなと思ってましたから」

木村健悟が「天龍さん、ファイトマネー高すぎるよ」

新日本との対抗戦は、92年に天龍がWARを旗揚げし、旗揚げ興行2日目に「アントニオ猪木とも1回肌を合わせてみたい」とコメントしたことに端を発している。天龍の発言にすぐさま反応した新日本側は、越中詩郎ら反選手会同盟がWARに参戦。さらに、天龍率いるWAR勢も新日本に乗り込み、対抗戦として激闘を繰り広げていったのだ。

「新日本との闘いは刺激的でしたよ。俺がいた全日本というのは、試合のなかでも前振りがあって、本題に入って、最後のオチで落とすというのを順序よくやらないといけなかった。ちゃんと客が来てるんだから『何がなんでも10分以上は試合してこい!』と、そういう感じでしたよ。

でも、新日本は感情の赴くままに発揮すればいいんだと。5分だろうが10分だろうが、勝負をつけられるんだったら時間はいっさい問わないという感じだからね。

これは、長州たちジャパンプロレスが全日本に来た時から感じていたことだけど、長州との試合は飽きたことがないし、藤波辰爾にしたってジュニアからヘビーに転向して叩き上げでやってきた、内に秘めた闘志というのかな。それは誰よりも持っている気がしましたね」

天龍が新日本に参戦したことで、長州力、橋本真也、蝶野正洋、馳浩、藤波辰爾らとの数々のビッグマッチが実現。その多くがメインイベントで、天龍は次々とトップレスラーたちを撃破していった。

「だから、木村健悟からは平気で言われましたよ。ある日、新潟から東京に帰るバスの中で『天龍さん、ファイトマネー高すぎるよ。新日本だって払うの大変なんだから』って。その時に、永田裕志が『木村さん、そんなカッコ悪いことというのやめてくださいよ！ 新日本がみっともないじゃないですか！』って。そしたら、木村健悟が大人しく自分の席に帰っていったのを覚えてますよ（笑）。

当時、木村健悟は新日本の役員だったんだよね。だけど、そういう新日本との交渉は全部うちの女房がやってて、天龍を無下に扱ってくれるなというのはいっていたと思うんですよ。『セミ前だったら出ない』と単刀直入にしゃべる俺の女房がいたから、新日本側も困ってたかもしれないね（笑）」

猪木vs天龍戦の舞台裏

そうした対抗戦のなか、猪木戦が現実味を帯びてきたのは、93年1月4日東京ドーム大会のメインイベントとして長州との一騎打ちが決定した時のことだ。リング上での天龍、長州、そして猪木によるマイクでの攻防で、猪木は「（長州vs天龍戦の）勝ったほうに俺が挑戦してやる！」とキッパリと言い放ったのだ。

「たぶん、あれも長州が唐突にマイクでしゃべったから実現したというか、新日本ではよくあるパターンですよ。あれで猪木さんが引きずり出されたのか、もともと長州がそういうことを想定していたのかは知らないけど、俺自身は長州が次に1・4で闘う天龍戦を盛り上げるためにしゃべったぐらいにしか思ってなかった。だから、まさか本当に猪木戦が実現するなんて思っていなかったし、猪木さんとタッグマッチで対戦できるというのを聞いた時でさえ『そうなの？』と驚きましたよ」

長州との対戦を制した天龍は、猪木とのシングルマッチを闘う前に、93年5月3日福岡ドームで猪木&藤波vs長州&天龍のタッグマッチを闘っている。

「ここまできたんだなと感無量でしたね。だって、猪木さんからすればタッグマッチだったとしても、得体の知れないヤツと闘いたくないと思うのが普通でしょ？　実際、4人のうち3人が新日本の身内で、俺1人が外客だったから、まずは『いらんことやるなよ』と止めを刺された感じですよ」

このタッグマッチは、藤波の長州へのグラウンド・コブラで決着。そして、94年1月4日東京ドーム大会では、いよいよ猪木とのシングルマッチが実現した。ただ、猪木が天龍に格闘技ルールを要求するなど、試合は一筋縄にはいかない空気を醸し出していた。

「ラウンド制にするとか、プロレスルールじゃないとか。でも、あれは勝手に新日本の中で揉めてたことで、俺は知ったこっちゃなかったですよ。そういうゴタゴタは耳には入ってきたけど、俺は『ややこしかったらやらないよ』というだけ。だから、向こうは大変だったんじゃない？猪木さんだって『出ない』といえば話は終わっちゃうんだから」

そうした不穏な空気が漂うなか、天龍自身はリングに上がることへの不安はなかったのか。

「そんなのあるわけない。だって、負けたってアントニオ猪木だもん。だから、今でも思うのは、猪木さんは俺の性格も人間性も知らないのに、よく一騎打ちで俺に身を任せたなってことですよ。猪木さんだって、当時はもう引退を控えてカウントダウンに入っていた時期だからね。そこで四の五のいわずに、ガウンをバッと脱いで、ビシッとした体を見せた時には、なんていうのかな…

…武者震いのような感じでしたね」

「試合中、たぶん俺は舐めてたんだと思う」

実際の対戦はプロレスルールの時間無制限1本勝負として敢行。しかし、試合は独特の間合いから、猪木によるいきなりの顔面ヘッドバット、さらに反則のベアナックル、スリーパーと〝格闘技ルール〟の様相を呈していた。しかも、そのスリーパーで天龍は一時失神。空白の3分間の末、天龍はリングサイドにいた長州の張り手によって意識を取り戻す形となった。

「覚えているのは、猪木さん独特の間の中に踏み込めなくて、スリーパーで落とされて、長州にバンバンと顔を叩かれて……、ところどころしか覚えてないですよ。猪木さんの腕がグッと入ってきた時に、『これがアントニオ猪木のスリーパーか。なるほどね』と、試合中、たぶん俺は舐めてたんだと思うんだよね。だけど、気がついた時には長州から『天龍！』って顔を叩かれるわけだから。

でもね、今でも思うんだけど、なぜあの時、長州は俺を叩いて意識を戻させたのか。だって、長州は俺をほっとけば猪木さんの勝ちでよかったのに。まだ試合開始から5～6分だったのかな？　そんな時間で東京ドームのメインを終わらせるわけにはいかないという現場監督・長州力がいたのか。

それとも、猪木さんは俺をスリーパーでいわせてるわけでしょ。『こんな、あんちゃんに』と思うなかでの試合だっただろうから、次は完膚《かんぷ》なきまでに天龍をやっつけたいと思っていた猪木さんがいたのか。それはわからないですね」

長州によって息を吹き返した天龍は、チョップと怒涛の張り手で猪木に応戦し、最後は渾身《こんしん》のパワーボムでフォール。この瞬間に、「馬場、猪木の両者からピンフォール勝ちを収めた唯一の日本人レスラー」という、プロレス界で偉大なる称号を得ることとなった。

ちなみに、その後に猪木とのリターンマッチの話も浮上していたが、天龍はこれを受けなかったという。

「それはやりたくなかったね。いくら巨額のカネを積まれても。だって、猪木さんに勝ったあと、俺は蝶野、武藤（敬司）、橋本たちとどんどん試合をして、結果的に橋本に負けているから。猪木さんは何がなんでもリベンジしたかったかもしれないけど、当時は俺の体裁があまりに悪いし、猪木さんだって橋本に負けた天龍に勝っても体裁が繕えないでしょ。だから、そういう返事を永島（勝司）さんにしたと思います。でも、俺がリターンマッチをやらないと返事したんで、猪木さんがえらい怒ったと聞きましたよ」

リターンマッチは実現することなく、猪木は98年4月4日、東京ドーム大会のドン・フライ戦を最後に引退。一方の天龍は、98年と04年にG1クライマックスに参戦する形で、再度、新日本のリングに上がっている。が、この天龍のG1参戦に関して、引退後も新日本に大きな影響力のあった猪木は、あまりいい顔をしなかったという。

「そうらしいね。『なんで天龍をいつも上で使うんだ』ということで揉めてたらしいよ。でも、俺がある大会で永島さんか上井（文彦）さんに『猪木さんに挨拶したいんだけど』と話したら、何事もなかったかのように『大丈夫だよ』と。その反応に俺は意表を突かれたんだけど、猪木さんのところに行ったら『おう』という感じでね。俺に怒ってるなんて微塵も見せなかった。俺だったら口も利きたくないと思うけどね（笑）」

猪木と天龍——。リング上での対決は二度だけだった2人だが、そうしたリング外でのせめぎ合いも、実は静かに続いていたのだ。

猪木という存在が持つ「緊張感」

引退後の猪木は96年にUFOの前身である世界格闘技連合に合流。99年には小川直也が橋本を襲撃する〝1・4事変〟が勃発するなど、当時の猪木は不穏な空気をリング上に持ち込んでいた。

天龍自身も、99年3月の天龍&ビッグバン・ジョーンズvs橋本&小川戦において、試合前に村上和成に襲われた橋本が血まみれのままリングに上がるという場面に遭遇している。

「俺がリングに上がるのに、くだらないことしやがってとは思ってたよ。このまま出ないで帰ろうかなと思ったことはあったけど、そうなると俺の稼ぎを待っているWARのヤツらは困るから大人の対応をしましたけどね。

なんちゅうのかな、小川と橋本の件にしても見苦しいのは好きじゃない。夫婦ゲンカをさらけ出して、これでどうだというのは俺はよしとしないですね。

ただ、猪木さんが格闘技路線に向かっていったのは、俺が猪木さんだったらやりかねないし、猪木さんだから許すという部分はありました。まあ、猪木さんは今のプロレス界に一言いいたいことがあるからやっているのかなと思う反面、猪木さんを担いで金儲けしようと思っているヤツらがいるんだなという。でも、それに甘んじて人生の一環として受け流している猪木さんも、屈託のないすごい人だなと思って見てましたね」

その後、天龍は2015年11月15日両国国技館大会でのオカダ・カズチカ戦を最後に、超満員のファンに見守られながら引退。40年におよぶプロレス人生のなかで、大仁田厚との電流爆破デスマッチ、UWFインターナショナルでの高田延彦戦、LLPWでの神取忍戦、三沢光晴率いるノア、ドラゴンゲート、ハッスル参戦など数々の話題をさらい、「ミスター・プロレス」を体現したままリングをあとにした。

「俺は、プロレスでいちばん怖いのは慣れとマンネリだと思っているんですよ。猪木さんと共鳴？　いやいや、そんなふうにいったら猪木さんに失礼。だけど、人生もプロレスも常に冒険心を持っていたいという思いはあって、やっぱりそれは猪木さんも思っているんじゃないかとは思いますね」

ロサンゼルスの会食ではリングの垣根なく大きな夢を語った一方、いざ向き合えばプロレスラーとして存在を懸けた闘いに臨んできた猪木。シングルマッチのルールをめぐるいざこざに始まり、天龍の神経をとがらせる出来事が起こり続けていたのは、まさにアントニオ猪木というプロレスラーの冒険心のせいだったのかもしれない。

それは、常に猪木を意識しつづけた長州力のこんな態度からも、猪木という存在が持つ緊張感がよく読み取れる。

「これは俺たちがベテランになってからのことだけど、俺ら全日本出身の人間は、生前も亡くなってからも馬場さんのことをからかったりして、そういうコミュニケーションで馬場さんをリスペクトしていたんですよ。

それと同じように、俺が猪木さんを俎上《そじょう》にのせようとすると、長州なんかには『やめて、源ちゃん。会長（猪木）だけはそういう俎上にのせないでよ』とピシッといわれたことがありますよ。冗談でもそんなことといってくれるなという雰囲気に、『あ、やっぱり猪木さんは違うんだな』と思いましたね。

これは長州が特別ということじゃなく、たぶんいまだにそういう空気感があるんだなと。それを思わせるのがやっぱりアントニオ猪木なんだなって、そう受け止めている俺がいますね」

「格闘技ブームの頃、猪木さんはプロレスに興味がないように見えた」

証言

石井和義

取材・文●ジャン斉藤

PROFILE

石井和義 いしい・かずよし●1953年、愛媛県生まれ。80年、正道会館創設。91年からリングスと提携し、佐竹雅昭、角田信朗らが参戦。93年からはフジテレビと組んでK-1をスタートさせる。日本テレビ、TBSでもゴールデンで放送され、K-1は一大ブームに。2002年8月、格闘技史上最大のイベント「Dynamite! SUMMER NIGHT FEVER in 国立」を総合プロデューサーとして成功させた。現在も、新たなビッグプロモーションの発展、空手の普及を目指し、世界各地を飛び回りながら精力的に活動中。

日本の興行の歴史は「K-1以前・以後」で分けられるほど、K-1の誕生は革命的出来事だった。格闘技というジャンルをメジャーに押し上げただけにとどまらず、旧時代的だったプロレス興行のあり方にも変革が要求されていった。そのK-1を立ち上げたのが正道会館宗師・石井和義である。石井はK-1のプロデューサーとして辣腕をふるい、アントニオ猪木と手を組み、「猪木軍vsK-1」という図式で史上初の大晦日格闘技興行を開催。あの国立競技場で初めて格闘技イベントも行った。石井和義が仕掛けた史上最大空前絶後の格闘技ブームの裏側とは——。

「猪木さんはプロレスの達人」

「猪木さんのことは子供の頃はファンのひとりとして憧れていました。力道山、ジャイアント馬場さん、猪木さんは別格中の別格の存在。スーパースターです。まさか一緒に仕事をすることになるとは想像もしてませんでしたし、『Dynamite!』(2002年8月28日)の時は国立競技場の4000メートル上空からスカイダイビングをしてもらえるとは思ってませんでした(笑)。

猪木さんとお会いするのはK-1をやり始めたずっとあとのことなんですが、僕が芦原(英幸)先生の弟子だった頃、極真空手関係者のひとりとして芦原先生と一緒に猪木さんとウィリー・ウィリアムスの試合を会場で観戦してたんです」

1980年2月27日、アントニオ猪木vsウィリー・ウィリアムスの異種格闘技戦が蔵前国技館で行われた。当時極真空手の看板選手のひとりだったウィリーは極真の「他流試合禁止」の方針により破門扱いとなっていたが、それはあくまで表向きの処分で、試合当日のリングサイドには不測の事態に備えて極真勢が控えていた。石井もそのうちのひとりだった。結果は両者ドクターストップに終わるも両陣営の乱闘が勃発するなど、猪木の異種格闘技戦史上最もスリリングな一戦だったと評価されている。

「芦原先生は極真関係者にいわれたんですかね。『新日本と絶対に揉めるからリングサイドにいてくれ』と。芦原先生と私は何が起きてもすぐに動けるように運動靴を履いていたんですよね。ある極真の人間がコートを着ていたのを見かけた芦原先生が『あんなものを着てたら動けるわけないよなあ』といっていたことを覚えてます。

でも、試合が始まったら真剣勝負じゃないことが芦原先生と僕にはわかってしまったから、途中で帰ったんですけどね。だから最後まで会場にはいなかったんです。リングサイドには真剣勝負だと思って本気で揉めてる関係者もいたようですけど、それは周りを本気で怒らせるぐらいのプロレスをやった猪木さんがすごいということですよ。似た話では、大仁田（厚）さんと青柳（政司）館長が異種格闘技戦をやったときも周りはみんなエキサイトしてましたよね」

89年7月2日に後楽園ホールで開催された「格闘技の祭典」メインイベント。大仁田厚のプロレス流の反則殺法に激怒した空手家たちがリング上になだれ込み大乱闘に発展。あの熱を生み出したことに手応えを得た大仁田がFWM設立に動くエポックメイキングな試合となった。

「あの試合は正道会館の生徒と観に行ったんですが、空手家もみんなリングに上がって大乱闘になって。いちばん最初にリングに上がったのは正道会館の後川（聡之）。『あいつはなんでそんなに燃えてるんだ？』って話なんですけど（笑）。それくらい大仁田さんや青柳館長が上手だったということですよね。そして猪木さんはあの2人とはくらべものにならないくらい、周りを巻き込んで熱をつくっていくプロレスの達人だったんです」

「PRIDEは猪木さんを起用したことで大きくなった」

石井はその後K－1をスタートさせて格闘技界の中心人物となっていくが、猪木は国政に進出してセミリタイヤ状態だったこともあり、2人が接触する機会はなかなか訪れなかった。98年3月22日の新日本の愛知県体育館大会で、引退試合を2週間後に控えた猪木が、正道会館の角田信朗と公開スパーリングを行った時も石井はタッチしていない。

「角田の時は関係なかったですね。K－1が始まる前、佐竹（雅昭）がウィリー・ウィリアムスとやったあとに、新日本の横浜アリーナ大会（91年9月23日）でエキシビションマッチをやったことがあったんです。そこは僕のほうから新日本にお願いして実現した企画で、もしかして佐竹が空手家として新日本に上がって異種格闘技戦を、という雰囲気をつくったんですけど。その頃の猪木さんは新日本のシリーズには出てませんでしたし、僕らは新・空手バカ一代宣言をしてリングスに上がることになったんです」

石井と猪木の初接触は00年代まで待たなければいけない。01年7月29日、さいたまスーパーアリーナで開催されていたPRIDE・15の大会中、石井は猪木と共同記者会見を行った。その場では、翌月8月19日のK-1さいたまスーパーアリーナ大会に藤田和之が出場することを正式発表（後日、対戦相手はミルコ・クロコップに決定）。この会見から、この年の大晦日「INOKI BOM-BA-YE 2001」、翌02年の「Dynamite! SUMMER NIGHT FEVER in 国立」の火蓋は切られた。

「それまで猪木さんはPRIDE側の人間だったじゃないですか。百瀬博教さんが引っ張ってきて、エグゼクティブプロデューサーに就任されて。柳沢（忠之＝元『紙のプロレス』発行人）や谷川（貞治）はPRIDEでも仕事をしていたから猪木さんと接点がありましたけど、僕だけはなかったんです」

プロレス格闘技マスコミ出身だった柳沢忠之と谷川貞治の2人はK-1の運営に参画（谷川はのちにK-1のイベントプロデューサーに就任する）。2人は軸足をK-1に置きながらPRIDEにもアドバイザーとして協力していた。

「PRIDEは猪木さんを起用したことで大きくなりましたよね。プロレスラーを試合に出すことでプロレスファンを取り込んでいった。UWFも格闘技と絡んでいきましたけど、プロレスvs総合格闘技の本格的な接点は猪木さんが最初だと思います」

ＰＲＩＤＥと猪木のドッキングにより熱を帯びてきた総合格闘技が大爆発に至るのは、90年代から石井が築き上げてきた地上波テレビへのコネクションの力によるものだった。01年の大晦日、猪木軍vsＫ-１のコンセプトで開催された「ＩＮＯＫＩ ＢＯＭ-ＢＡ-ＹＥ ２００１」はＴＢＳで放送され、総合格闘技が初めて地上波ゴールデンで扱われた。運営・主催はＰＲＩＤＥを主催するＤＳＥで、イベント名には猪木の名が冠されていたが、石井の存在なくして歴史的興行は成立しなかったといえる。

「ＰＲＩＤＥのほうから『ＩＮＯＫＩ ＢＯＭ-ＢＡ-ＹＥ』という名前でやってくれないかとお願いされたんです。ＴＢＳはＫ-１の名前でやりたかったんですけど、僕はどっちでもいいのかなあと思って。総合はＫ-１の競技とは別のものと考えてましたからね」

Ｋ-１のしたたかなテレビ戦略

「ＩＮＯＫＩ ＢＯＭ-ＢＡ-ＹＥ」の導火線となったのは、前述した藤田和之のＫ-１出陣だったが、その大会は日本テレビの「Ｋ-１ ＪＡＰＡＮ」枠でゴールデンタイム中継された。日本テレビで放送された物語の続きが他局のＴＢＳで大々的に扱われることに何か問題は起きなかったのだろうか。

「大晦日の放送はもちろん最初は日本テレビに話は持って行ったんですよ。視聴率が獲れますからやりませんか？　と僕が交渉しました。でも、日本テレビに断られたので、ＴＢＳに話を持ち込んだんです。

Ｋ－１とテレビの関係の話をすると、96年にフジテレビでゴールデンタイム、98年に日本テレビで『Ｋ－１　ＪＡＰＡＮ　ＧＰ』としてゴールデンが始まったんです。

その『Ｋ－１　ＪＡＰＡＮ　ＧＰ』も日本テレビでやる前にフジテレビに話はしたんです。Ｋ－１も日本人を育成しなきゃいけないから『Ｋ－１　ＪＡＰＡＮ　ＧＰ』をやってくれませんか？と。でも、フジテレビのなかでＫ－１を2つもできませんって断られちゃったから、じゃあ他の局と話をしますということで日本テレビと交渉しました。それで日本テレビでやることが決まったら、フジテレビからすぐに連絡があって『ウチでやるから日本テレビはやめてくれ』と（笑）。その時はすでに日本テレビと契約しちゃってるからやめられませんよね」

日本テレビの『Ｋ－１　ＪＡＰＡＮ　ＧＰ』担当だった小杉善信は、19年に日本テレビの社長に就任。番組プロデューサーは19年から読売巨人軍の球団社長に就任した今村司だった。

「Ｋ－１担当は2人とも大出世なんですよ。今年、球団社長になったとたん巨人はセ・リーグ優勝ですからね（笑）。いちばん大切なのは運の強い人と付き合うこと。あの当時は僕も運が強かったから、運の強い人が周りに寄ってきたんですよね。猪木さんも運が強い人ですからね。だから一緒にすごいことができたんでしょうね。

いちばん最初にＫ－１を放映したフジテレビからすれば、他局でＫ－１をやることに関しては苦々しかったと思うんですよ。でも、僕からすれば1局より2局のほうがいいんですよ。だってテレビに切られたらK-1が終わっちゃうじゃないですか。ということはテレビ局が主導権を握ってしまう。2局でやっていれば、どちらかがなくなってももう片方でやればいいですからね。そうするとK-1が主導権を握れるわけです」

K-1はフジテレビと日本テレビに続いて、TBSで3局目のレギュラー放送にこぎつける。02年、魔裟斗を擁して70キロ級に特化した大会として「K-1MAX」が放映されることになった。

「これもK-1 JAPANと同じで、最初にフジテレビと話はしたんです。でもフジテレビはやらないと、中量級は人気が出るわけがないと。日本テレビにも断られました。でもTBSでやると決まった時にフジテレビから連絡があって『ウチでやります』と(笑)。

覚えてるのは当時のTBS関係者を連れて魔裟斗くんの試合を見せにいったことですね。『この選手をスターにして中量級をやっていきます』と。当時のTBSには世界陸上や『SASUKE』『スポーツマンNo.1決定戦』をやっていた樋口(潮)くんというプロデューサーがいて。僕は樋口くんをK-1MAXのテレビプロデューサーに指名したんです。樋口くんのほうもやりますということで始まったのがK-1MAX。樋口くんはK-1の新しい世界観をつくってくれましたね。

本来僕がやりたかったのは今の新生K-1がやってるような中・軽量級なんですよ。なぜかといえば日本人の選手層が厚いからです。でも、当時はプロレス全盛期でヘビー級同士の闘いばかりなのに、軽い階級でやっても人気が出るわけないじゃないですか。だからK-1もヘビー級から入ったんですよ。そこでK-1のプロモーションができたから中量級でもやろうと」

立場が逆転していたK-1と新日本

TBSで大晦日に中継された「INOKI BOM-BA-YE 2001」はNHK紅白歌合戦の裏番組としては異例の14・9パーセントという高視聴率を獲得。大晦日は紅白歌合戦以外の番組は視聴率が獲れないという常識を覆した。現在はどのテレビ局も大晦日に勝負番組を用意してくるが、その嚆矢《こうし》となったのは格闘技だったのだ。

しかし、「INOKI BOM-BA-YE 2001」は大会直前までカード編成に大きく苦しんでいた。目玉カードとして内定していた藤田vsジェロム・レ・バンナは藤田が負傷欠場。大物プロレスラーで猪木の弟子である小川直也にバンナ戦の緊急オファーが飛んだが、周囲からの度重なる説得にも小川はついに首を縦に振らなかった。

「あの時は最終的に僕が小川くんと話をしたんですよね。谷川がダメなときは僕が助け舟を出すことが多かった。いよいよダメな時の出番ですから、しんどい作業ですよね（笑）。小川くんの時はケイダッシュの川村（龍夫）会長とも話しました。小川くんをマネジメントしてるのはケイダッシュだから、猪木さんが出す、出さないではないんですよね。小川くんはバンナじゃなくてピーター・アーツとならやる、いくら出せとかけっこうな金額をいわれた記憶があります。交渉がまとまらなかったという記者会見もやりましたね」

小川が「ファイトマネー1億円でピーター・アーツ戦」を要求したとされる大晦日出場騒動。交渉決裂会見を行うことも異例中の異例だったが、きたる大晦日に向けて石井には焦りはなかったという。

「僕はそのへんは強気なんですよ。大晦日のゴールデンタイムに出られるチャンスを与えるという感覚。スターになれるのになんでやらないの？　という立場です。小川くんが出ないのであれば、この子はチャンスを逃したなと。代わりにチャンスを掴んだのは安田くんです。

あの時は猪木軍vsK－1という対抗戦でしたけど、僕はプロデューサーという立場ですから大会が盛り上がってくれればオッケーなんですよ。なおかつK－1が勝てばいいですけどね（笑）。安田くんがバンナに勝ったことで他のプロレスラーたちが『これはおいしいな』って思って出てくれれば、次もまた盛り上がりますしね。

そこは自分のリングに選手を上げる強みはありますよね。たとえば昔の猪木さんは、自分のリングに上げて自分たちのルールでやっていたわけです。潰すという言い方はよくないけど、自分たちでコントロールしてきた。なぜ自分のリングに上げることができたかといえば、プロレスに力があったときはゴールデンタイムで放送していたからです。有名になったり、お金を稼ぐためにはそのリングに上がるしかないじゃないですか。でも、僕らの時代はK－1がフジテレビ、日本テレビ、TBS、そして大晦日までもやっていた。当時の新日本はテレビ朝日の深夜です。立場が逆転してるんですよね」

上空4000メートル「猪木スカイダイビング」の真相

PRIDEがフジテレビのゴールデンタイムで初めて中継されたのは03年のこと。02年の時点ですでに3局体制となっていたK−1がいかに怪物化していたかが伝わるだろうか。そして石井は格闘技ブームの象徴的イベントでもある国立競技場進出を手掛ける。02年8月28日、「Dynamite! SUMMER NIGHT FEVER in 国立」。9万人を超える観客で埋め尽くされた国立競技場は壮観の一語だった。

「あの時はPRIDEが弱っていたので、社長だった森下（直人）さんに先に制作費を渡したんですよ。普通は1億円くらいなんですけど、倍の2億円ぐらいだったかな。だからあの時は利益なんてほとんどないですよね。みんなに大盤振る舞い。僕は国立でやれたらいいかなと。夢がある大会を一度でいいからやれたらいいよねっていう思いだけです。

最初は国立を借りようとしたら断られたんですよね。あの頃の国立はライブとかも全然使わせてもらえなかった時代ですから。でも、元首相の森（喜朗）さんに動いてもらって使えることになったんです。だから森さんは格闘技界にとって恩人なんですよね」

「Ｄｙｎａｍｉｔｅ！」であざやかに思い出すシーンのひとつといえば、猪木が４０００メートルの上空からスカイダイビングで国立競技場に降り立つパフォーマンスだ。

「あれは百瀬さんが猪木さんをだましたんですよ（笑）。４００メートルから落ちるとか嘘をいって、猪木さんは高所恐怖症なのに。空から降ってきた猪木さんのリング上での第一声がいつもの『元気ですか！』じゃなくて『バカヤロー！』でしたからね。僕に怒って叫んだんじゃないかって（笑）。あんなムチャなことをできるのは猪木さんだけですし、あんなにかっこよく見えるのも猪木さんだけですよね」

あのスカイダイビングのシーンはＫ−１、ＰＲＩＤＥ、猪木のトライアングルがつくり上げた格闘技ブームのクライマックスだった。02年の大晦日まで続いたその黄金の三角関係は、格闘技は視聴率を獲れる優良コンテンツとして高く評価されたことで皮肉にも破綻していく。03年にはそれぞれが独自に大晦日開催に向けて動き出し、フジテレビは「ＰＲＩＤＥ」、日本テレビは「ＩＮＯＫＩ ＢＯＭ−ＢＡ−ＹＥ」、ＴＢＳは「Ｄｙｎａｍｉｔｅ!!」を放映。同日ほぼ同時刻に同じジャンルが三つ巴で並ぶという前代未聞の闘いが繰り広げられた。

「猪木さんを僕の持ち物だとは思ってないですからね。もともとはＰＲＩＤＥ側の人間という認識ですし、猪木さんが何をやるかは自由ですね。それはおやりになればいいのかなと。ただ、なぜそこに行くのかなあとは思いました。相談してくれれば、僕らも協力させてもらったのにと。正直、猪木さんがやろうと思ってやっていたわけじゃないと思うんですよ。猪木さんの周りの人たちが僕たちの成功を見て自分たちもできるんじゃないか……と思ったのかもしれないですね。『石井みたいな大阪から出てきたヤツがやれるんだったら猪木さん、こっちでもやりましょう』と（笑）。猪木さんは面白かったら『なんでもいいよ』という人ですからね。

猪木さんとはお酒を飲んだり、ご飯を食べたりすることはありましたが、イベントについて何かお話をしたということはほとんどないですね。猪木さんも仕事の話をする人じゃない。猪木さんはスーパースターで表に立つ人、僕はプロデューサーで裏方ですから立場も違います。猪木さんは自分の周りの参謀には指示をしてるのかもしれないですけど、ご自分では何かを要求したりする人ではないですよね」

猪木の興味は〝プロレス〟より〝事業〟

猪木がＰＲＩＤＥやＫ-1から離れて企画した「ＩＮＯＫＩ　ＢＯＭ-ＢＡ-ＹＥ」は、03年の大晦日視聴率戦争で視聴率５・１パーセントと無残にも敗れた（「Ｋ－１　Ｄｙｎａｍｉｔｅ!!」19・５パーセント、「ＰＲＩＤＥ男祭り」17・２パーセント）。05年には経営不振に陥っていた新日本をゲーム会社ユークスに売却し、猪木は格闘技界の中心からフェードアウトしていく。

ＰＲＩＤＥは03年の大晦日に端を発した反社会勢力との関係が問題となり、フジテレビの中継を打ち切られた。テレビという後ろ盾を失い経営難に陥ったＰＲＩＤＥは07年、アメリカのＭＭ

Aイベント「UFC」のオーナー会社に身売りされた。

一方の石井は02年の脱税事件により表舞台から遠ざかっており、K－1の運営は谷川に委ねられていた。脱税の罪で懲役1年10カ月の実刑が確定していた石井は07年6月11日、静岡刑務所に収監される。石井は出所後もK－1の運営にタッチすることはなく、谷川体制のK－1は財政難により11年に活動停止。格闘技をゴールデンタイムで扱うテレビ局はひとつもなくなっていた。

「（静岡刑務所から）出てきたあとは猪木さんとの接点はもう……今はたまにお会いすることはありますけどね。

僕が猪木さんをサポートしなくても誰かがやっていたと思いますよ。もともとはPRIDEが担いだわけですし、プロレスと格闘技のクロスというのはできたと思います。あそこで格闘技とクロスした失敗があったから、今の新日本は格闘技じゃない路線に向かえたわけですよね。PRIDEの試合を観たらプロレスの格闘技路線はもう観られないですよ、申し訳ないですけど。

でも、格闘技としてのプロレスの面白さに気づいて、モハメド・アリやウィリーとの異種格闘技戦でファンを熱狂させた猪木さんは一流のスーパースターだったということですよね。馬場さんとは違うものをやらなくちゃいけなかった理由もありますし、実際に猪木さんは強かったからできたんでしょう」

興行の世界を離れた石井は現在、正道会館宗師としてアマチュア育成に精力を傾けている。空手のオリンピック正式種目化を目指して、フルコンタクト空手とは距離があった全空連に加盟。

空手の裾野の広がりに尽力している。

「人間というのはやっぱり動機がいちばん重要なんですね。結果を決めることはできないし、どう転ぶかはわからないですよね。なぜ目的に向かって動くのかが重要になってくる。僕の動機はK－1などの興行を見たお客さんが空手の道場に通ってくれればいいな、というところが原点だったんですが、K－1が大きくなるにつれて、その動機がだんだんと小さくなり、最後にはああいう形で捕まってしまった。そこから僕は興行の第一線から離れたわけですが、どこに向かえばいいかといえば、最初の動機だったアマチュアに戻ったんです。そこが僕の原点なんです。

猪木さんの場合は行動力の原点は……見えないんですけど、なんとなくわかるのは、猪木さんってプロレス自体にはもうそこまで興味がなくなってましたよね。どこから熱が下がったのかはわからない。IGFも猪木さんが大きな看板としてやられてましたけど、もうそこまでプロレスに興味はなかったように見えたんです。もっとスケールのあること、たとえば事業への興味が強くなっていきましたよね。

プロレスへの興味を失ったことはもうひとつ。リアルファイトに絡んでしまったこともあるんじゃないかと思いますね。猪木さんはカール・ゴッチのプロレスを『愛が足りない』といいました。プロレスに愛を持ち込む猪木さんの感性からすると、リアルファイトには愛が足りなかったのかもしれません。

あの世界にどっぷり浸かっていると、格闘技に対してそんな気持ちになることが僕もありました。それは今離れてみて実感することでありますが……とはいえ、猪木さんとともにあの時代をつくり上げられたことは本当に光栄ですね」

02年「Ｄｙｎａｍｉｔｅ！」――あの夏の日、４０００メートルの上空から猪木が舞い降りた国立競技場は、20年の東京オリンピックの新国立競技場建築のために取り壊されている。つわものどもが夢の跡……。

「猪木さんにいちばん嫌われた人間が俺ですよ」

証言

大仁田厚

取材・文■早川満

PROFILE

大仁田 厚

おおにた・あつし●1957年、長崎県生まれ。73年、全日本プロレスに入団するもケガで85年に引退。89年にFMWを旗揚げしデスマッチ路線で大ブレイク。「涙のカリスマ」と称される。95年、弟子のハヤブサと川崎球場で闘い2度目の引退。その後、復帰、引退を繰り返す。99年1月4日、新日本プロレス初参戦。2000年7月には長州力との電流爆破マッチを実現させた。17年10月、通算7度目の引退試合。18年10月28日、ボランティアレスラーとして7度目の復帰を果たした。

大仁田厚がまだ全日本プロレスでジャイアント馬場の付き人をしていた時のこと。まったくの偶然で馬場と猪木が遭遇する場面に出くわしたことがあったという。

「馬場さんの行きつけだったキャピトル東急（現在のザ・キャピトルホテル東急）がまだ東京ヒルトンホテルって名前だった頃。馬場さんに付き添ってロビーから入った中央の所でお茶を飲んでいると、そこにたまたま猪木さんが入ってきたんだよ。この時、猪木さんは馬場さんを見つけると『おつかれさまです』って一礼したんだよね。それまでにイメージしていた攻撃的な猪木さんとは全然違う。馬場さんのことをさんざん挑発してきて『どっちが強いのか、日本一を決めよう』なんていっていたのとはまるで別人だった。実際の猪木さんってこんな感じなんだ、と思いましたよ。

馬場さんはというと、いつもと同じように『おう！』ってそれだけ。これは別に猪木さんを後輩だからと見下していたわけではなくて、馬場さんは誰に対してもそうなんだよ。高倉健さんと会っても、安倍晋三首相のお父さんの安倍晋太郎さんと会っても同じように『おう、どうも』の一言だから。

俺が見てきたなかで馬場さんが自分から深々と頭を下げたのは（馬場夫人の）元子さんのお父さんと金田正一さんに対してだけでしたよ。ゴルフのサンケイクラシックで馬場さんが世界王者だった頃の輪島功一さんと一緒に回っていた時に、後ろから大声で『おい馬場ぁ〜！』って聞こえて、見たら金田さんだった。そうしたら馬場さんは『先輩どうも』って頭を下げて、それを見て、やっぱりこの世界、上には上がいるもんだなあと思わされましたね」

馬場が「猪木の借金ぐらいなら全部キャッシュで返せる」

そんな馬場が唯一、猪木に対して感情をむき出しにしたのが1981年、アブドーラ・ザ・ブッチャー引き抜きの時だったという。

「馬場さんは基本的にしゃべる人じゃないから、元子さんが通訳ってわけじゃないけど間に入って話をしてた。それで元子さんは周囲からうるさがられていたわけだけど、ブッチャー引き抜きを知った時に馬場さんが『猪木の野郎！』っていったのは聞いたね。『今に見ておれ』って。普段そういう感情を表に出すことはなかったし、そもそもそういう言葉遣いをする人じゃなかったから強烈に印象に残ってます。

その他で猪木さんについて俺の前で語ったことはなかったんじゃないかなあ。さりげなく、アメリカでのNWAとか世界的なものでは俺のほうがトップだとかいうぐらい。馬場さんはアメリカ修行時代に何十万ドルって稼いでいたからね。フレッド・アトキンスと力道山に散々テラを切られた（ピンハネされた）そうだけど。

あー、でも一度だけ猪木さんのことをいってたことがあったよ。猪木さんが何十億だったか正確な金額は忘れたけど借金があるっていう話を聞いた時に馬場さんが『おー、大仁田。俺だったらこのくらいのカネは持ってるからキャッシュで全部返せるぞ』っていったんだよね。莫大な額だったから、ホントかよって内心で思ってましたけど」

全日本のレスラーたちの間で、新日本について話題にのぼることはあったが、猪木個人に対しては〝大先輩〟という認識でしかなかったという。

「渕（正信）や（ハル）薗田と3人で蔵前国技館のウィレム・ルスカとの試合（76年2月6日・日本武道館）も観に行きましたよ。ちゃんと自腹でチケットを買って。あの試合運びの巧さとかはやっぱりすごいなと思いましたけどね。いいプロレスだなあって」

猪木戦「頓挫」の真相

そんな大仁田が初めて猪木と直に対面したのは、FMW旗揚げ後のこと。バラエティ番組のパネリストなどとしても知名度を高めていた大仁田は、93年に収録されたテレビの企画で猪木のもとへ訪れている。その番組で大仁田は電流爆破デスマッチでの対戦を訴え、猪木は明確な回答こそしなかったものの最後には2人でしっかり握手をかわしている（放送は猪木vs天龍源一郎戦が行われる前日の94年1月3日）。

実際、水面下では95年1・4東京ドームでの対戦ということで交渉は進められていたというが、結局その計画は頓挫してしまった。

「この頃に新日本の交渉役だった永島勝司さんが『2つのリングを用意してそこにハシゴをかけて』とかなんとかややこしいことをいってきて、そんな面倒くさいことをいうならなしにしましょうってことになったんですよ。猪木さんの性格からして、もし自分からやりたいと思ったら即断でOKが出ていたはずで、それがハシゴとかなんとかっていうのは周りの他の人間がいってることに違いない。猪木さんの本音としてはやりたくないんだなっていうのがわかったから、それで冷めてしまったというところはありましたよね」

なお当時の新日本関係者のひとりによると話は異なり、交渉決裂の原因は大仁田側にあったとしている。大仁田が交換条件として猪木のFMW出場を主張したことで、「天下の猪木をインディーに出すわけにはいかない」となったというのだ。

交渉事だけにそれぞれ主張があって、どちらか一方だけが正しいということでもなかろうが、いずれにしてもこの一件はその後の猪木と大仁田の関係に影を落とすことになる。

よく知られているのが大仁田が長州力との対戦を求めて新日本に参戦しようという際に、猪木が強硬に反対したというエピソードだ。

「俺は当時そんなことは全然知らなくて、あとになって中村（祥之＝元新日本プロレス営業部員）さんから聞いた話なんだけど、新日本の営業部員が何十人か集まって『大仁田参戦を猪木さんに嘆願しよう』といっていたところに突然猪木さんが入ってきて『お前ら何やってんだ』『大仁田参戦に賛成のヤツは手を挙げろ！』っていわれて、それで手を挙げたのが中村さん1人だったんだとか。『あいつは負けても人を食っていく男だ』『フォールを奪っても死なない』なんてこともいってたそうで、勝ち負けでやってきた猪木さんからすると俺みたいなのは気に入らなかったんだろう。

それでも新日本の勢力分布っていうのは時期によって違っていて、あの頃は永島－長州ラインが実権を握っていて猪木さんの発言力が薄れていたからね。猪木さんが実権を握っていた時期だったらきっと長州戦は不可能だったでしょう」

「猪木さんは『利用できる』と思った人間だけリングに上げる」

紆余曲折がありながらも長州戦を実現した大仁田は、続いて猪木を標的に定める。対戦を直訴するために大仁田は、2000年大晦日、大阪ドームで開催された「INOKI BOM-BA-YE」を訪れたが、猪木はいっさい無視の構えで相手にせず。挨拶すらできなかった。

「本当に何もいってくれなかったんだよなあ。結局猪木さんていうのは自らアクションを起こさないと嫌なんだろうね。人から挑発されて自分の考え以外で動かされるのは気に食わない。自分のペースに持ち込めないとダメなんだ。自分が『食える』『利用できる』と思った人間しかリングには上げようとしない。その時に猪木さんが素晴らしいのは自分のことを裏切った人間でも商売になるなら上げる。使える人間なら誰であっても使うという貪欲さなんだけど、そんな猪木さんに使われなかった大仁田厚という人間はよほど嫌われていたということなんだろうね。猪木さんにいちばん嫌われた人間が俺ですよ」

なぜそれほどまでに嫌われたのか。大仁田は以下のように分析する。

「やっぱり俺と猪木さんにどこか似たところがあるから、それで嫌われたんじゃないですか。似た者同士だとどうしても、どっちが上か下かっていう比較になるわけだから。

俺も猪木さんも本質的には小心者でコンプレックスの塊ですから。エリートの馬場さんがいて、力道山の付き人として毎日のようにぶん殴られ、はいつくばってきた猪木さん。俺にしても全日本のジュニアの頃はタイガーマスクと比較されたりなんかして。だけど猪木さんも俺もそれを跳ね返してマイナスをプラスに変えていったわけですよ。あと猪木さんの発言を見ていると、本気半分、適当半分で、そういうところも似ているんじゃないかなあ。猪木も大仁田もライブで生きていて、本気もありながらその場の雰囲気で思ったことをアンサーしている。あんまり考えていないんだけど、その発言は天才的っていうね。日本のプロレスの歴史を見ても言葉を生み出してきたレスラーっていうのは俺たち2人しかいないでしょう。〝ダー！〟と〝ファイヤー！〟ですよ」

そんな両者が二度目の対面を果たすのは03年の、やはり大晦日に開催された神戸ウイングスタジアム「ＩＮＯＫＩ ＢＯＭ-ＢＡ-ＹＥ２００３」でのことだった。

「日本テレビ経由で40万円のギャラで来てくれっていうことで話があって、結局そのギャラはいまだにもらっていないいんだけど。ともかく当日に会場入りすると猪木さんがいたんで『おつかれさまです』って挨拶に行ったら逃げるようにその場から去って行ったよね。俺とは話したくなさそうだった。それから自分の出るタイミングになってリングに上がっていって、猪木さんに向かってどうたらこうたらいって、そろそろ張り手がくるなって思っていたらやっぱり来たんで、受けた瞬間に俺も逆襲に出て、猪木さんを羽交い絞めにして離さなかったんだよ。そしたら猪木さん、周りには聞こえないような小さな声で『いい加減にしろ。離してくれ』っていうんだよ。プロレス界も縦の社会だから、大先輩にそういわれた瞬間に離してしまう自分がいるんですけどね」

その後2人は今に至るまで公式非公式ともにいっさい接触はない。17年、大仁田自身7度目の引退試合では「猪木遺伝子と闘いたい」と宣言して藤田和之、ケンドー・カシンらとタッグマッチで対戦。猪木が議員引退を表明（19年6月）してからも表敬訪問のため連絡を取ろうとするなど、ことあるごとに秋波を送ってきたが、猪木側からのリアクションはまったくなかった。

「俺の引退試合で『猪木遺伝子と闘いたい』といって藤田を指名したのは、もちろんビジネス的に見た場合に話題性があると思ってのことなんだけど、同時に本心の部分でやってみたいという気持ちもあったよね。商売半分、本音半分。やっぱり猪木さんっていうのは偉大だからさあ」

実際に大仁田が猪木を参考にしてやってきたことは多く、ＦＭＷ旗揚げ当初、柔道家のグレゴリー・ベリチェフやテコンドーのリー・ガクスーらとの異種格闘技路線は猪木のそれやK－1を意識したものであったし、その後のデスマッチ路線においても、ある意味で猪木を参考にしてきたのだという。

「俺にとっての猪木さんの名勝負っていうのは、上田（馬之助）さんとの五寸釘ネイルデスマッチなんですよ（78年2月8日・日本武道館）。あれが俺のデスマッチの基本。あの試合で猪木さんは釘板に落ちなかったでしょう。やっぱり落ちなきゃダメだって思ったよね。だから俺は有刺鉄線にバンバン落ちる。結局猪木さんっていうのは、良くも悪くも俺のモノサシなんですよ」

「俺も猪木さんみたいな人になりたい」

大仁田が国会議員を目指して01年の参議院議員選挙に出馬したのも、やはり猪木に影響を受けた部分があってのことだろう。猪木の議員活動については、元国会議員ならではの見方を披露する。

「猪木さんという人はある種の革命家なんだと思いますよ。目指していたのがフィデル・カストロなのかチェ・ゲバラなのかはわからないけど、スポーツ平和党もデカい組織にして、本気で日本を変えたいという気持ちはあったんじゃないかなあ。誇大妄想狂みたいなところがあるからね。猪木ワールドというのもそうでしょう。それに引き込まれる人がいまだにたくさんいるわけだけど、じゃあ猪木イズムっていったい何なのっていっても誰もはっきりとした答えはわからない。俺も聞いてみたいよ。

猪木さんが北朝鮮にコミットしていったのだって、それで自民党に圧力をかけて優位に立ちたいという考えがあったんじゃないですか？　独自の北朝鮮ルートを材料にして時の政権に食い込んでいこうと、自民党を挑発したんだけど自民側が興味を示さなかった。これってプロレスでの猪木－馬場の構図と似ているよね。

議員引退を表明したのは、もちろん体力的な問題もあるんだろうけど、それよりも票読みした場合に通るかどうか危ういっていうのが大きかったんだと思いますよ。スポーツ平和党で出馬したときには100万票を獲得して当選したんだけど、13年に日本維新の会から出た時はたしか35万票だったかな。選挙を重ねていくうちに絶対に票は減っていくんですよ。19年の参院選は国民民主党から出るっていう話だったけど、比例で国民民主から当選するのはせいぜい2人か3人。国民党に大きな期待はできないし、たとえ当選したとしても格好悪い票数じゃあ仕方がない。猪木ブランドに傷がついてしまうから。

一時期熱心だった格闘技路線からサッと引いたのも、今回政治家引退を宣言したことと根本のところは同じですよ。K－1やPRIDEに自分の手駒の選手たちを挑戦させてみたけれど、猪木さんほどのタマはいない。自分の異種格闘技戦のような大きな商売にならない。選手たちを格闘家としての商品価値がないと見たんでしょう。猪木さんのリサーチ能力や発想は本当に素晴らしいですから。

とはいえ、そういう困難もなんとか跳ね返してきたのがこれまでの猪木さんだったわけで、それを今回政治家引退ということであっさりと諦めたのは、やっぱり年を取ったということなんだろうね。そういう部分は感じていますｌ

ともに晩年を迎えたことで幻に終わりそうな「猪木vs大仁田」だが、今もなお大仁田の猪木に対する思いは強い。

「全日本で馬場さんから受けのプロレスを教わってきた俺と、格闘スタイルでやってきた猪木さんとではイデオロギーの違いもあっただろうし、馬場さんも俺も猪木さんと反目するようになるのは運命だったんでしょう。電流爆破もどう転んだところで猪木さんはやらなかっただろうね。まだ馬場さんのほうが可能性はあったと思いますよ。一度馬場さんと会った時に『電流爆破やりましょう』っていったら『それ痛いのか？』って興味は示してくれたからね。その時は『ジャンボ（鶴田）や三沢（光晴）が反対するから無理だ』って断られましたけど。

もういまさらだけど、もし猪木さんと俺がこれから闘うってことになれば、それはそれで面白い試合になるとは思いますよ。普段は杖をついていたって車椅子に乗っていたって、リングに上がればきちんと格好をつける。それが猪木さんの素晴らしいところですから。

俺もあと2、3年のうちにアントニオ猪木に近づきたいね。猪木さんみたいな人になりたいよ」

特別インタビュー

サイモン・ケリーが語る
アントニオ猪木と
「新日本・暗黒時代」の真実

取材・文●ジャン斉藤

47年にも及ぶ新日本プロレスの歴史を振り返る時に、「創始者・アントニオ猪木が新日本を壊した張本人」と結論づけるのは誰もが腑に落ちるストーリーかもしれない。しかし、実際はどうだったのだろうか。ブシロード体制移行後、栄華を極める現在の新日本であるが、〝90年代・新日本〟もそれに匹敵する勢いを見せていた。

しかし、「北朝鮮・平和の祭典」（1995年4月）の1億～2億円とされる経費を支払うことができず、UWFインターナショナルとの対抗戦（95年10月9日）に活路を見出すほど、実は経済状況は圧迫されていた。好調のはずだった新日本の中では何が起きていたのか。猪木の長女・寛子さんの元・夫で、新日本の社長も務めた（2005～07年）サイモン・ケリーに当時の新日本、そして至近距離から見たアントニオ猪木について語ってもらった。

■「幼稚園の頃から猪木さんの家によく行ってました」

「猪木さんとはIGFの活動停止以降、接点はまったくなかったんですが、つい最近、猪木さんの奥さんが亡くなったので、知ってる人から猪木さんの新しい携帯番号をいただいて、何年かぶりに電話でお話ししました。奥さんが亡くなったばかりだから当然元気はなかったですよね。ボクから電話があったことにはビックリされてはいました。『番号登録しとくよ。またかけ直すよ』といっていたような……」

猪木との出会いはサイモンの幼少期に遡る。サイモンが通っていたインターナショナルスクールの幼稚園で、クラスメイトだったのが猪木の娘・寛子さんだった。

「幼稚園の頃から猪木さんを知ってることは知ってたんですよね。猪木さんの家にはよく行ってました。小学生の時は猪木さんと同じ代官山のタワーマンションに住んでたので、ピンポンもしないで家に遊びに行ったり。ボクは4年生の時にコカ・コーラで働いていた父がアメリカに転勤しちゃったので日本を離れたんですが。戻ってきた時は猪木さんが（倍賞美津子さんと）離婚された時期でしたね」

再びアメリカに渡ったサイモンはアメリカ法人のコカ・コーラで働くようになるが、退社後は猪木のビジネスに関わるようになっていく。

「猪木さんと仕事をするからコカ・コーラを辞めたわけじゃないですけどね。いつの間にかそういう流れになっていって。アメリカで猪木さん関係で動ける人間だったということもあったんでしょう。ただ、今振り返っても恥ずかしいのは、猪木さんのことを普通に『アントン』って呼んでたんですよ（苦笑）。それはもう小さい頃からそう呼んでいたのでとくに気にもせず……」

「アントン」とは当時の親しい関係者が口にしていた猪木の愛称である。猪木の手掛けたバイオ事業の「アントン・ハイセル」、タバスコやブラジル物産の輸入を手掛けた「アントン・トレーディング」にもその愛称が冠されている。

「でも、だんだん仕事やってくうちに『アントンと呼ぶのはマズいんじゃないかな……』と。それから『猪木さん』とか『会長』と呼ぶようになりましたけど。猪木さんと2人だけになった時や、それこそプライベートの話や子供の話をする時に『アントン』って呼んだりはしてました。猪木さんはそう呼ばれることを、とくには気にしてないですよね。最初の頃は人前でアントンって呼ばれることがなくなっていたから、ちょっと気にしてたかも。当時そうやって呼んでいたのはPRIDEの百瀬博教《ひろみち》さんくらいでしたから。

猪木さんと近い関係だったことは、仕事をするときに便利だったことはありますよね。自分が小学生の時、髙田延彦さんが当時の猪木さんの付き人だったんですけど、PRIDEの会場で髙田さんと何十年かぶりに会うわけですよね。そうすると髙田さんも自分のちっちゃい頃を知っていて。髙田さん以外にも藤波（辰爾）さん、長州（力）さん、佐山（聡）さん、前田（日明）さんだったりもボクのちっちゃいときを知ってたんで」

■新日本と猪木事務所の確執

90年代の後半になると、サイモンは猪木のアメリカ側のエージェントとして、新日本ロサンゼルス道場の運営にもタッチしていった。

「ロス道場には2つの目的があって、まず、外国人の若手選手をイチから育てるということ。もうひとつは猪木さんがロスに住み始めてから日本に不在になったので、日本人選手との触れあいの場を持たせるということ。新日本から1カ月ぐらいのスパンで誰かがロス道場に来るようになって。そこで猪木さんと一緒にトレーニングをしたり、猪木さんのプロレスのビジョンを伝えてもらったり。ボクは日本人選手たちをアテンドしたりしてました。

あとは猪木さんのマネジメントじゃないけど、猪木さんがロスに戻ってる間は猪木事務所の人間がついてるわけじゃないから、ビジネスの席には同行したり」

90年代後半の猪木は新日本に〝本籍〟を残しながら世界格闘技連盟UFOを立ち上げ新日本に牙を剥いていた。アメリカナイズされていく新日本のプロレスに猪木が不満を抱えていることはサイモンも当然、感じていた。

「新日本が嫌いとかそういうのじゃなくて、お父さんのような怒り方というか。新日本はこんなもんじゃダメだよ！って直にいうんじゃなくて、PRIDEからメッセージを送るみたいな感じでしたね。猪木さんと新日本がバチバチしてることはアメリカにも少しは伝わってきてるんですけど、自分が実際に新日本の役員になって（03年）日本に行くまではわからなかったです。ホントにすごかったので、ここまでヤバかったのかと」

新日本の方向性をめぐって対立する猪木と現場――。格闘技路線の導入は「猪木の強権介入」と批判を浴びたが、猪木主導にならざるをえない現場の弱みもあった。通常のシリーズはともかくとして年に数回開催されたドーム興行――東京ドーム、ナゴヤドーム、福岡ドーム――の大箱興行は、猪木という駒なしでは成立しない苦しさがマッチメイクに表れていたのだ。

「新日本と猪木事務所は協力関係にあるべきなんですよ。倍賞鉄夫さんが新日本と猪木事務所の両方で役員をやっていたのは、両社のやりとりをスムーズにするためだった。でも、猪木さんがPRIDEで人気にまた火がついて稼ぐようになって、猪木事務所がとても儲かっちゃって。当時はパチンコ台になって、ものすごくいいお金になったんです。それに藤田（和之）さんも総合格闘技で大活躍しちゃってるから、猪木事務所は新日本に強気な交渉をするんですよ。猪木さんや藤田さんが要求しなくても猪木事務所のほうから『このぐらいのギャラじゃないとできない』と。猪木さんが新日本のオーナーでもあるから、その要求を新日本は飲まないといけない、みたいになってましたね」

PRIDEで名を挙げた藤田の商品価値は爆発的にあがり、新日本としては当然起用したい。そのギャラには二の足を踏んでしまうが、オーナーの猪木の存在も気にしなくてはいけない。藤田以外にも安田忠夫や猪木ルートの外国人レスラーなど、〝猪木事務所物件〟は当時の新日本で幅を利かせていた。

「そういう裏事情もあとから知ったことで、新日本の中で猪木事務所が嫌われていくのもわかりますよね。猪木さんはすごく勢いが出てきたPRIDEの流れに乗ろうというか。でも、新日本ファンからすれば、大きい大会で急にカード変更をされたり、それまでとは関係のない試合を組まれたら、ふざけんなって怒りますよね。そこはもっと新日本と猪木事務所がコミュニケーションを取ればよかったのかもしれないですけど、けっこう強引にやっちゃってたから、新日本の社員の中でそれが不満になる。どちらかといえばすべてが猪木さんのせいになってしまってた。猪木さんが関係なかったとしても猪木さんのせいになっているというような……」

■社長になって知った新日本の〝ヤバい〟財務状況

2000年代に突入すると、リング上の迷走から客足は遠のき始め、財務状況が逼迫《ひっぱく》。猪木は再建のためにコストカッターとして04年に草間政一を社長に迎え入れるが、草間の改革に対して各方面から反発を食らい途中解任の憂き目に遭う。そして、急降下が止まらない新日本の機長の椅子に座ったのがサイモンだった。サイモンは05年5月、新日本の代表取締役社長に就任する。

「もう他に誰もやる人がいなかったんですよね。草間さんが自分の前の社長でしたけど、新日本自体がものすごく下がっていたし、草間さんへの反発が会社の中で半端じゃなかったこともあったんで、誰も社長をやりたがらない。ダチョウ倶楽部のネタは、みんな手を挙げてるのでそれに続いたら『どうぞどうぞ！』ですけど、誰も手を挙げない状況で……ボクが手を挙げなきゃいけないプレッシャーがあったというか。

それで勢いで猪木さんに『どうせ潰すんだったら、俺に新日本を潰させてください！』といっちゃったんです。その頃の猪木さんはロスからニューヨークに住まいを移してたんで、わざわざニューヨークまで話しに行った記憶がありますね。2人きりで話をしました。自分の思いを伝えたら『オッケー』というか『よし』というような感じだったかな。あの時は本当に勢いで話しました。猪木さんの立場からはボクに社長をやれとかいえないですよね。周りからはボクしかいないというふうに聞かされていたのかもしれませんが」

世間からすれば娘婿かわいさの抜擢……と受け止められたサイモンの社長就任だが、新日本や猪木事務所からすれば、猪木と意思疎通が図れるサイモンに大事を託したいという思惑もあった。

「新日本としてはボクが社長になれば、草間さんとくらべたら猪木さんとコミュニケーションが取れるんじゃないかと。猪木さんだけじゃなくて、猪木事務所とのバランスも取れるし、話がしやすい。あとから思うとそういう計算はもちろんあったんだろうなと。

でも、社長の仕事って猪木さんと話をするだけじゃないですからね。社長になって初めて新日本の数字を見させていただいて……もうふざけんなって内容ですよ。当時の経理担当の社員に『話がある』と個別で呼ばれて。話の内容の見当はだいたいついてたけど、そこで初めていろいろと説明されるわけなんですけど、もうマジかっていう数字で。正直、無理、どうしよう……っていうような。音を上げてもしょうがないから、切れるところから切っていこうと。でも、それでも足りない、どうにもなんないような状況でしたからね。収入や人気が落ちてきちゃってることもあったし、じゃあ次に人気が出る企画をもちろんやろうとしてたと思うけど、間に合ってないっていう状況でしたからね」

90年代の新日本バブルを牽引していたドーム興行路線だが、00年代には満員には程遠く、大きな陰りを見せていた。経営危機に見舞われても所属レスラーたちの年俸は据え置きだったという。

「給料がみんな上がったまんま、全然見合ってなかったんですよね。それ以外にも大会の打ち上げだなんだって高級焼肉の店を貸し切っちゃったり。飛行機は外国人選手だったら、ビジネスクラスで日程変更がなんでも可能ないちばん高いチケット。ロス道場のデビューしたての若手のヤツらも最初の頃はビジネスクラスに乗ってましたからね。ありえないでしょ、そんなの。

あと国内移動もありえなかった。名古屋で興行があったとしたら、誰も乗ってない空の巡業バスが名古屋に向かって、選手やスタッフは全員、新幹線のグリーン車で移動するんですからね。空のバスが名古屋駅で選手たちをピックアップして会場まで乗せていって、東京に帰る時も同じでした。それでとにかく、ホテルも一流ホテルからランクを下げてくれと。バブルのまんまだったので切れるところから切っていこうと」

■「社員の不正がはびこっていた」

新日本の契約更改の場に立ち会っていたこともある現場監督・長州力が「俺がやってる時代は誰のギャラも一度も下げなかった」と豪語していたというが、その〝聖域〟にも切り込まなければいけないほど新日本は崩壊寸前だった。

「新日本は毎年1月ぐらいに選手の契約更改をやりますけど、その頃まではもちろんギャラは上がっていたわけですよね。下がることはほぼない状況。当時のボクは31、32歳ぐらいでしたけど、その交渉の席に出て『申し訳ないですけど、すみません』ってギャラを下げないといけない立場で……。30代前半で普通に健康だったんですけど、夜中に急に心臓が痛くなったり、呼吸がちょっとおかしくなって。ストレスかなんかで……こっちは交渉中に灰皿がいつ飛んでくるのかわからないって思ってましたから。結局そんなことはなかったですけど、その契約交渉の時に『それだったら辞めます』といってくれた選手がいたら、申し訳ないなと思いつつも内心はラッキーというか。1人減れば、その分の給料をなんとか他の選手と調整できるっていうのが正直なところありましたね」

のちに新日本を買収するゲーム会社ユークスが待遇面でコストカットを図った時も現場からの反発の声は大きかった。ただ、サイモン時代のレスラーたちは新日本はまだ栄光のもとにあると信じていたため、不満はなおさらだったのだろう。

「もともと猪木さんが草間さんを連れてきたのは、そういった経理の問題を片づけてくれるエキスパートとして呼んだわけじゃないですか。猪木さんも危機感は強かったんだと思います。草間さんも多少はギャラダウンを試みたんですけど、それでも足りていない。新日本の置かれた苦しい状況なら、そんなもんじゃ済まない。でも、選手たちとのギャップは大きかったんです。超バブルから下げたとしてもまだ全然バブルなんですけどね」

新日本の経営悪化は選手のギャラというコストの問題だけではなかった。社員たちの不正がはびこり、大きな影響を及ぼしていたのだ。営業がチケットの売上を会社に入金しなかったり、社員が社員割で販売したチケット代金を納めないケースが多発していたという。

「アレはひどかった……いちばんひどかった。もうやりたい放題だったから。当時、営業関係、全員が全員じゃないけど、チケットを売ったお金を入れないんですよ。会社に入る前にすべて消えてしまう。掘れば掘るほど、いろんな問題が出てくるのが当時の新日本だったんです。その改革を草間さんがちょいやって、自分もやって、自分が社長になったあとにユークス体制になってだいぶ変わったんですけど。猪木さんだけに悪いイメージがついちゃってるけど、違うんですよホント。やりたい放題だったんで。

ボクもいろいろと手をつけることで恨まれましたね。新日本がまだ猪木さん体制の時は、まあそこまで恨まれることもなかったんですけど……」

■猪木への反発が半端じゃなかったユークス体制

東京ドームをやれば満員だった時代は内部が多少腐っていても持ちこたえていたが、組織として体をなしてないから崩れるときは一気に奈落に落ちていく。

改革しようにも新日本はもはや手遅れだった。独自での再建を諦めた猪木は05年11月、持ち株をゲーム会社ユークスに売却する。旗揚げから33年後――猪木・新日本プロレス体制は終焉を迎えた。

「ユークスに売るという時の猪木さんは……オッケーだったけど、なんだろう。しょうがないっていうか、こういう状況だし、しょうがなかったと思いますよね。

新日本の社長時代を振り返ってみて、猪木さんには『思いっきりやれ！』といわれながらも、思いきりできなかったので、あの当時に戻りたいっていう思いはありますね。戻れるなら戻りたい。というのは自分を信じてなかったっていうのはあったから。若いから、ある程度、新日本の決められてることに対して反発ができなかった。社長という立場でも。やりたかった企画があったとしても全部NGくらったりとか。草間さんだったら強引にやっちゃってたかも。草間さんが反発されたこともあったし、今は強引じゃないほうがいいのかなって判断しちゃって。そこがすごく後悔してますよ。

実はあの時ユークスだけじゃなくてもう1社、候補があったんです。2社からオファーが来てて、結論からいったらオファーの内容がよかったユークスを選んだんです。それに当時まだユークスが株を売り返してくれるっていう話もあったんで、とりあえず預けるというようなニュアンスだったので、だからいずれなんとかなるっていうふうになっちゃって。猪木事務所を閉めて、新日本の中に改めて猪木さんが入るぐらいの感覚だったんです」

しかし、サイモンの思惑は大きく外れた。ユークス体制の新日本は〝脱・猪木〟に大きく舵を切っていくことになる。

「体制がユークスになって、オーナーが猪木さんじゃなくなってからは、レスラーや社員たちが社長の自分飛ばしでユークスにいいたい放題できるわけですよ。猪木さんや自分に対しての不満がユークスにダイレクトに伝わって、ユークスから指示が飛んでくるというような状況が続いて……猪木さんに対しての反発が半端じゃなかったです。具体的にいったら、猪木vsモハメド・アリ30周年の時に何か格闘技イベントをやりたいみたいな話になったんですけど、ユークスは完全にNGだったんですよね。結局、横浜の赤レンガ倉庫でちょっとしたパーティみたいなものをやって終わっちゃったみたいな。

当時は新日本内で猪木派とアンチ猪木派の対立がすごくて、どちらかというと1対9ぐらいでアンチ猪木派のほうが多かったんです。それは今までの流れからの反発力っていうか。北朝鮮のイベントやジャングルファイトとか猪木さんのイベントでいろんなことがあったから。そうするともう、猪木さんの扱いに関してはNGみたいな雰囲気が強くなって。新日本がダメになっちゃった元凶は猪木さんにあるみたいにしたかったんでしょうねぇ。責任を被せやすいっていうところはあるのかもしれないです。

そうすると猪木さんは猪木さんで、じゃあ自分たちでやったほうがいいってなりますよね。当初は新日本の中に猪木事務所みたいなものをつくって、ユークスがマネジメントをやっていこうと。コミュニケーションをよりよくするためにって形で動いてたんですけど、ユークスになったらなったで、あれはダメ、これはダメって。猪木さんは猪木さんで反発するというか、ふざけんなとなって。そこから最終的にもう無理だってことで、ＩＧＦをやることになるんですけど」

■「お金じゃない、夢やロマンに賭けた猪木さん」

07年に旗揚げしたＩＧＦはパチンコメーカーなど多くのスポンサーに支えられ、10年近く団体活動を続けた。当時でいえばプロレス界最大のスポンサードを受けていたという声もあるほど、資金力には恵まれていた。それほど猪木ブランドの威光は大きかった。

「猪木事務所の頃からそうですけど、猪木さんだけで売れるんですよね。猪木事務所の時も新日本でもコントロールできないぐらい大きくなってしまったじゃないですか。でも、ユークスは『猪木はもう終わりだよ』っていうスタンスなんですよね。でも、猪木さんほどネームバリューがあって、スポンサーがたくさんいればビジネスできるよってことで別れちゃった。うまく利用してうまくやってれば、いちばんよかったんですけどね。

ユークスとしてはこれからリング上で猪木さんを消していかなきゃならない。かといって猪木さんをないがしろにするのはそれはそれで感情的な部分もあったというか。どんどん対立がエスカレートしていって最終的にＩＧＦができちゃって。ＩＧＦの最初の頃なんか自分たちもイケイケなんですよ。宙ぶらりんのまま新日本を離れたブロック・レスナーを呼んだりしちゃって」

07年6月29日、両国国技館のIGF旗揚げ戦。IWGP王者のまま新日本を離脱し、ベルトを返還しなかったブロック・レスナーがメインイベントに登場。そのベルトを賭けてカート・アングルと対戦させるなどして新日本を挑発した。

「新日本に対しての嫌がらせが半端じゃなかったですね。こっちも今まで新日本へのフラストレーションが溜まってたから爆発したっていうのはありますけどね。

誤解してる方もいるかもしれませんけど、猪木さんは新日本の時もIGFの時も、お金に対して執着があってかき回してやろうって感じじゃないんですよね。夢やロマンに賭けたいというか……プロレス以外の事業にも興味が強かったじゃないですか。そのお金で要するに新日本を買い戻すじゃないけど、猪木さんの中では大きな夢があって成功するって自信を持ってたから」

猪木が情熱と大金を注いだエネルギー事業の永久電気はいまだに夢のままであり、むろん新日本を買い戻すことはできなかった。そしてサイモンはIGF内の争いに巻き込まれる形で猪木と距離を置くことになってしまった。

「猪木さんと何かケンカしたというよりは、いつのまにか猪木さんと話すことができない立場になってしまったんですよね。自分は猪木さんに対して憎しみがあるかっていうとまったくないですし、昔から変わらず尊敬してるというか。(猪木の長女と)離婚したことは関係……ないと思いますけどね。猪木さんは前から冗談半分で『もしお前ら離婚するんだったら、俺はサイモンの味方だぞ』っていってくれたりとかね。猪木さんってその辺はあんまり関係ない人だとは思うんですよ。たとえば（倍賞）美津子さんとの離婚のあとでも、弟の鉄夫さんが新日本や猪木事務所にいたりとか。ボクも娘婿の関係だからというだけで一緒に仕事をしていたわけじゃないですからね。もう『アントン』とは呼べないですけど、本当に魅力的な方でしたね」

PROFILE

サイモン・ケリー さいもん・けりー●1973年、神奈川県生まれ。アントニオ猪木の娘である猪木寛子さんと結婚。98年から猪木率いるUFOのアメリカ支部代表に就任。2000年8月に新日本プロレスに入社。05年5月、新日本の代表取締役社長に就任するも、07年3月に辞任。直後の4月、猪木が立ち上げたIGFの取締役に就任した。17年のIGF活動停止と前後して、中国でプロレス団体「東方英雄伝」を展開したが、18年12月にIGF、東方英雄伝をともに退社。

アントニオ猪木 完全詳細年表

1943―2019

1943

2月20日　生誕。住所は、横浜市鶴見区生麦町1687。11人兄弟で男7人、女4人。9番目の6男だった。

1957

2月3日　横浜港からサントス丸に乗船し、一家でブラジルに移住。

1960

4月10日　同年3月に、サンパウロ市内のホテルで力道山にスカウトされ、ニューヨーク、ロサンゼルス、ハワイを経てこの日帰国。力道山は「スカイ猪木」というリングネーム案まで持ち出した。翌日、馬場正平（ジャイアント馬場）が入団しともに記者会見を行う。

9月30日　日本プロレスでプロレス・デビュー（台東区体育館）。大木金太郎を相手に逆腕固めで敗れる。ただ、デビュー3戦目の10月15日の田中米太郎では早くも初勝利をあげている。

1961

5月25日　馬場とシングル初対戦。羽交い締めで敗れる（富山市立体育館）。以降、馬場とのシングルは16戦16敗。3本勝負の試合では4回のフォールを奪っている。

1962

11月9日　沖縄県・那覇市旭橋広場における平井光明戦で本名の猪木寛至から「アントニオ猪木」と改名。同年11月のテレビドラマ『チャンピオン太』に出演し「死神酋長アントニオ」を演じたのが改名のきっかけだった。

1963

12月8日　師匠・力道山、刺される（15日に逝去）。猪木はその時間、「オカマたちを連れて青山のボーリング場でボーリングをしていた」（「猪木寛至自伝」より）

1964

3月9日　初のアメリカ修行に向けて旅立つ。6月24日にはテキサス・ヘビー級選手権、翌年にはワールドクラス世界タッグ選手権も奪取した。

1966

3月12日 アメリカ武者修行を終えて凱旋帰国の下準備のためにハワイに立ち寄ったが、記者は2人しか来ず、ホテルも予約されておらず、日本プロレスへの不信を募らせる。

3月19日 社長でありながら日本プロレスを公金横領疑惑で追放された豊登がハワイで猪木と合流。新団体設立を持ちかける。俗にいう「太平洋上略奪事件」。

4月23日 2年1カ月ぶりに帰国。豊登とともに「東京プロレス」の設立を発表。翌日、支度金を30万円渡されるが、豊登の博打につき合わされ、あっという間に散財。この時期、豊登の紹介で倍賞美津子と出会っている。

10月12日 東京プロレスを蔵前国技館で旗揚げ。ジョニー・バレンタインにリングアウト勝ち。試合後に「誰の挑戦でも受けます。一般人でも構わない」と、のちの名言「いつ、何時、誰とでも闘う」に通じるコメントを出している。

11月19日 大阪球場でジョニー・バレンタインからUSヘビー級王座奪取。日本で初のベルト奪取となる。

11月21日 東京・元都電板橋駅前板谷駐車場大会で主催のオリエントプロ興行が未払い金を払わなかったことから、団体として大会出場をキャンセル。「交通渋滞のため……」という試合開始遅延のアナウンスを信じ、1時間も待たされていた1300人の観客が暴動。警察、機動隊が200人出動して鎮圧する騒乱に。払い戻しに応じることで暴動は鎮静化したものの、入場券のなかに税務署の捺印がないものがあり、主催のオリエントプロ興行に脱税の疑いもかけられた。

1967

1月8日 猪木が東京プロレス社長の豊登と新間寿とその父親・新間信雄を、業務上背任横領容疑で告訴。東京プロレスは崩壊。新間親子は団体設立資金を出した功労者だったが豊登派として排除された。しかし、のちに新間親子は「横領の事実なし」と不起訴処分になり、猪木は謝罪。

1月31日 豊登と袂を分かったあと、国際プロレスとの合同興行で「新・東京プロレス」を掲げて頑張った猪木だが、この日の宮城県スポーツセンター大会を最後にその看板を下ろす。

4月6日 猪木が古巣、日本プロレスに復帰会見。1000万円もの支度金が日本プロレスから支払われた。翌7日の「第9回ワールド・リーグ戦前夜祭」では、「今までいろいろなことがあったが決して無意味ではなかった。生かせるように頑張りたい」と挨拶。後年の前田日明の「UWFでやって来た1年半が何であったかを証明するためにリングに上がります」を想起とさせるような言葉だった。

5月12日 馬場と初のBI砲を結成。マイク・デビアス&ワルドー・フォン・エリック組に2-0で勝利(岐阜市民センター)。

5月26日 吉村道明と組み、アイク・アーキンス&ワルドー・フォン・エリック組を下し、アジア・タッグ王座を奪取。第19代のチャンピオンとなる(札幌市中島体育センター)。以降、吉村と3度、大木金太郎と1度の合計4度、同王座に君臨。

10月31日 馬場と組みビル・ワット&ターザン・タイラー組を下し、第9代インタータッグ王者になる(大阪府立体育会館)。

以降、BI砲で計4度同王座を獲得。

1969

2月6日　前年末より公開されていた猪木の新技の名称が、3万5000通を超える応募のなかから「卍固め」に決まる。

5月16日　第11回ワールドリーグ戦決勝大会でクリス・マルコフを破り同リーグ初優勝。

12月2日　ドリー・ファンク・ジュニアの持つNWA世界ヘビー級選手権に3本勝負で挑戦するも、60分ノーフォールのまま時間切れ引き分け（大阪府立体育会館）。

1970

11月5日　星野勘太郎と組んで出場した「第1回NWAタッグ・リーグ戦」決勝でニック・ボックウィンクル&ジョニー・クイン組を下し優勝。60分時間切れからの延長を含め72分9秒の死闘であった（台東区体育館）。

12月20日（現地時間）　ブラジルのマットグロッソで『アントニオ猪木、ブラジルの秘境を行く』という記録映画を撮影中、左足首を毒蛇に噛まれ、一時、意識不明に。

1971

3月26日　米・ロサンゼルスのオリンピック・オーデトリアムでジョン・トロスを破り、第5代UNヘビー級王者に。インターナショナルヘビー級王者の馬場にさらなるライバル心を燃やす。

5月19日　「第13回ワールドリーグ戦」で優勝を逃したこの日、馬場への挑戦を表明。だが、5月28日に「時期尚早」として日本プロレスに却下される。

11月2日　新宿京王プラザホテルで女優・倍賞美津子と挙式。当時の『週刊明星』の記事によれば、「特大ケーキが300万円」「ダイヤの指輪が1000万円」「衣装代2300万円」「料理と引き出物が6500万円」、総額「1億円挙式」と報じられている。

12月13日　会社乗っ取りを企てたとして日本プロレスから追放処分。同社の杜撰な金銭管理を自らが連れて来た経理士・木村昭政氏を使って是正しようとしたが、同社社長・長谷川淳三（芳の里）が、あっさりと木村氏に「社長代行委任状」を発行。周囲からは〝猪木の乗っ取り〟と白眼視され事態は暗転する結果となった。なお、馬場も「猪木の誘いに乗ったのは事実」として進退伺いを出している。

1972

1月28日　「新日本プロレス」設立会見。翌日には道場開きも行った。メンバーは自身の他に、山本小鉄、藤波辰爾（当時・辰巳）、木戸修、魁勝司など。

3月6日　大田区体育館で新日本旗揚げ戦。メインでカール・ゴッチに敗れる。旗揚げシリーズパンフレットには脆弱な興行基盤を意識してか、「新弟子募集」とともに「プロモーター養成希望者公募」の告知も出ていた。

10月4日　カール・ゴッチに勝ち〝実力世界一〟の触れ込みの世界ヘビー級ベルトを奪取（蔵前国技館。6日後に王座転落）。オハイオ地区認定AWA世界ヘビー級のベルトを流用した物で、現在はプロレス実況アナ引退時に猪木からプレゼントされた古舘伊知郎がこのベルトを所有している。

1973

2月8日 新日本と日本プロレスの「対等合併会見」が行われ、団体名は「新・日本プロレス」となることが発表されたが、のちに大木金太郎一派が日本プロレス存続に固執し合併を反故に。結局、坂口征二一派のみが新日本に合流することになった。

4月6日 NETテレビ（現・テレビ朝日）がそれまで日本プロレスを放送していた『ワールドプロレスリング』の枠でこの日より新日本を放送開始。猪木&柴田勝久vsジャン・ウィルキンス&マヌエル・ソト戦と坂口vsプロフェッサー・バーン・ジール戦のダブルメインイベントが放映された。

5月4日 川崎市体育館における山本小鉄vsスティーブ・リッカード戦で〝謎のインド人〟タイガー・ジェット・シンが乱入。5月25日には猪木が一騎打ちして反則負け。一躍、新日本のトップ外国人に躍り出る。

10月14日 蔵前国技館で猪木&坂口vsルー・テーズ&カール・ゴッチの「世界最強タッグ戦」。2-1で猪木組が勝利。

11月5日 午後6時、倍賞美津子夫人との買い物を終え、新宿・伊勢丹デパートの正面入口を出たところを、タイガー・ジェット・シン、ビル・ホワイト、エディ・オーガーの3人に襲われ全治1週間の裂傷を負う。新日本はこの件で四谷署に始末書を提出。次大会である11月8日の沼津市民体育館大会には超満員の観衆が集結。メインは猪木&坂口&山本小鉄組が襲撃事件を起こした前出の3人とぶつかる6人タッグマッチ。シンの名も全国区になっていった。

12月10日 ジョニー・パワーズからNWF認定世界ヘビー級ベルトを奪取（東京体育館）。この試合はテレビ視聴率も24・4パーセント（ビデオ・リサーチ調べ）を記録し、新日本躍進の起爆剤に。以降、同ベルトは猪木の看板タイトルとなる。

1974

3月19日 ストロング小林と蔵前国技館で一騎打ち。力道山vs木村政彦戦以来の大物日本人対決で原爆固めで下しNWF王座を初防衛。試合後、「こんな試合を続けていたら10年持つ体が3年か4年しか持たないかもしれない、だが、それでも私は闘う！」とコメント。

6月26日 猪木がシンの右腕をヘシ折る「腕折り事件」が起こる（大阪府立体育会館・NWF世界ヘビー級選手権）。

10月11日 蔵前国技館で大木金太郎との一騎打ちに勝利。大木の頭突きを右ストレートで打ち返すシーンが有名だが、この攻撃で大木の前歯が4本吹っ飛んだという。

1975

10月9日 蔵前国技館で猪木がルー・テーズからブロック・バスター・ホールドで勝利。試合後、「バックドロップに磨きをかけたい」と語った。

12月11日 蔵前国技館でビル・ロビンソンと61分3本勝負を行い1vs1から時間切れ引き分け。同日行われた百田家主催「力道山十三回忌追善特別大試合」（日本武道館）に参加せず。11月8日に百田家から力道山の弟子として破門されたが、猪木は「誰が何といおうと、私は力道山の弟子」と主張。12月9日には百田家と和解している。

1976

2月6日 日本武道館でミュンヘン五輪柔道金メダリストのウィレム・ルスカと初の異種格闘技戦。バックドロップ3連発でTKO勝ち。『ワールドプロレスリング』枠の生放送では平均視聴率34・6パーセントという驚異的な数字を叩き出した。

6月26日 猪木vsモハメド・アリ戦（日本武道館）。新日本側が受けとるはずだった全米170カ所（他イギリス6カ所、カナダ3カ所）でのクローズド・サーキットによる収益が大不振に終わり、新日本側は約9億円という多大な借金を抱える破目に。

10月10日 韓国・奨忠体育館でパク・ソンナンにリングアウト勝ち。前日の大邱大会のソンナン戦で自らの負けを受け入れなかった猪木が暴走し、セメント行為を仕掛けて無効試合となったため、この日のソンナンは戦意喪失していたとされる。

12月12日 パキスタンの、カラチ・ナショナルスタジアムでアクラム・ペールワンと一騎打ち。リアルファイトを望まれその腕を折る。アクラムは体中に油を塗っており、「決着をつけるには腕を折るしかなかった」という猪木の述懐がある。アクラムは当時47歳の高齢であった。

1977

1月7日 スタン・ハンセンが新日本に初登場しいきなり猪木と一騎打ち（越谷市体育館）。猪木の反則勝ちに終わるが、以降、ハンセンはシンと並ぶ猪木のライバルに。

8月2日 日本武道館で全米プロ空手の猛者、ザ・モンスターマンと異種格闘技戦。5RKO勝ち。前座戦でベニー・ユキーデが日本デビューし、全日本キックの鈴木勝幸にKO勝ちした。

1978

2月8日 日本武道館で上田馬之助と釘板デスマッチ。場外に釘板が設置されるなか、一度も落下せずに猪木がアーム・ブリーカーでKO勝ち（上田のセコンドだったタイガー・ジェット・シンによるタオル投入）。猪木は試合後「警察やテレビ局から、絶対に場外に落とすなといわれていたからロープサイドでは奇麗にブレイクしたのに、上田は急所攻撃をして落とそうとした。最低限のモラルもわかってない」と憤慨していた。

11月26日 西ドイツのシュツットガルトでローランド・ボック相手に4分10R判定負け。猪木がボックに圧倒された内容に、当時のテレビ朝日では映像をお蔵入りさせるという考えもあったという。なお、同日、猪木はボック戦のあとにチャーリー・ベルハルストという選手ともう1試合行い、こちらは勝利している。

1979

1月25日 映画『食人大統領アミン』のモデルになったウガンダ共和国のイディ・アミン大統領との異種格闘技戦を発表。アミンが元「東アフリカ・ボクシングヘビー級チャンピオン」であったことに端を発し、興行師の康芳夫氏やモハメド・アリの弁護士、ブラック・ムスリムの幹部などの尽力で、日程も「6月10日にウガンダで」と発表されたが、この翌月にアミン政権が崩壊。アミンも国外逃亡したため対戦は消滅した。

8月26日 プロレス「夢のオールスター戦」が日本武道館で開催さ

れ、猪木は馬場と組みアブドーラ・ザ・ブッチャー&タイガー・ジェット・シン組と対決。当初は時間切れ引き分けの予定だったが寸前で猪木がシンをフォールすることに。馬場よりも自分を印象づけたかった猪木の狙いだったとされる。

11月30日 徳島市立体育館でボブ・バックランドからWWF認定ヘビー級王座を奪取。第9代王者とされるがWWF（現・WWE）の公式記録には載っていない。猪木は6日後に初防衛を果たすが内容をよしとせずその場で返上した。

1980

2月27日 〝熊殺し〟の異名で知られた極真空手の猛者、ウィリー・ウィリアムスとの異種格闘技戦（蔵前国技館）。新日本と極真の両陣営間の殺伐さもあり、当日の関係者入口には金属探知機も用意された。

9月25日 広島県立体育館でのスタン・ハンセンとの一騎打ちに掟破りの逆ウエスタン・ラリアットで勝利。なお、フィニッシュは逆さ押さえ込みだった。

1981

4月23日 この日、ハンセン相手に防衛したNWF王座を封印。世界のタイトルを統一するという「IWGP構想」を推進するためだった。挑戦者のハンセンはブルロープとウエスタン・ハットという自らの象徴を賭け敗退。猪木が勝利後、それらを身に着ける珍しいシーンも見られた。

10月8日 同年9月23日の田園コロシアム大会に現れた「はぐれ国際軍団」のトップ、ラッシャー木村と一騎打ちし猪木が反則勝ち。以降、11月5日には木村とランバージャック・デスマッチ（蔵前国技館。猪木のTKO勝ち）を行うなど、2人の抗争が当時の新日本の主軸になっていく。

1982

1月28日 東京体育館で前年6月から新日本に参戦していたアブドーラ・ザ・ブッチャーと一騎打ちし猪木が反則勝ち。ちょうど1週間後に全日本プロレスで馬場vsハンセン戦が決定していたため、それを見越したカード編成だったが、どうしても内容をくらべられることにもなり、その意味では馬場vsハンセン戦とは違い、ブッチャー戦は芳しくない評価だけが残った。

2月27日 〝東海の殺人拳〟と恐れられた水谷征夫氏と新たなフルコンタクト空手団体「寛水流」を創設。執拗に猪木に挑戦を迫る水谷氏を懐柔する狙いもあったとされる。

7月16日 重度の糖尿病が発覚し、この日開幕の「第2次サマーファイトシリーズ」を全休（8月27日に復帰）。以降、治療器具を常に携えての生活となった。

11月4日 蔵前国技館でラッシャー木村、アニマル浜口、寺西勇と1vs3のハンディキャップ・タッグマッチ。驚くべきことに試合形式は当日発表だった。猪木は、寺西、浜口を倒すも木村にリングアウト負け。

1983

2月7日 大阪府立体育会館で、はぐれ国際軍団と1vs3マッチを再び闘う。木村、寺西を倒すが浜口に反則負け。視聴率（録画）は25・9パーセントで、80年代最高の数字となった。

2月8日 大阪府立体育会館での試合後に宿泊した大阪リーガロ

イヤルホテルで、梶原一騎、東声会の唐田知明氏らから一時、監禁される。極真と縁の深い梶原一騎の断りなしに、空手団体・寛水流をつくったのが原因とされる。

5月27日 高松市民文化センターで前田日明（当時・明）と唯一の一騎打ち。延髄斬りで下したが、前田もドラゴン・スープレックスを放つなど健闘した。「試合前、『卍固めもやっていいですか？』と聞いたら、ウンといってくれなかった」とは後年の前田の弁。

6月2日 IWGPの決勝戦でハルク・ホーガンに失神KO負けし、そのまま東京医大病院に緊急搬送。翌日の一般紙の社会面を賑わせた。

8月25日 猪木の個人事業「アントン・ハイセル」に会社の金が注ぎ込まれているとして、新日本で「クーデター事件」が勃発。猪木は社長を退陣させられ坂口は副社長から降格。同社は一時的に山本小鉄、大塚博美、望月和治（常務取締役）の3人によるトロイカ体制となった。当時の山本小鉄は「会社で馬を飼って、競馬で儲ければいい」と主張。事実、本人も競走馬を所有していた。

8月28日 失神KOから約3カ月ぶりの復帰戦に勝利し、「お前ら、姑息なことはするな。誰でもいい、俺の首をかっ切ってみろ！」とマイク。実はクーデター派に向けたマイクであり、事実、指差した先にはクーデター派のレスラーたちがいた。興奮する猪木を止めに入ったのは猪木派とされていた坂口征二だった。

11月1日 臨時の株主総会が開かれ、猪木、坂口が、それぞれ社長、副社長に復帰。テレビ朝日サイドが猪木抜きのプロレスを許さなかったことによる急激なクーデター派の失速であった。猪木は「ただ一言、新日本プロレスは不滅だということだ」と風格のコメントを残した。

11月4日 維新軍（長州、浜口、キラー・カーン、谷津）と正規軍の4vs4のシングル戦（蔵前国技館）。猪木は谷津を血まみれにしたうえで体固めで勝利。綱引きで対戦相手を決めるというユニークなカード決定方式が話題を呼び、のちの人気マンガ『キン肉マン』にもトレースされた。

1984

4月19日 正規軍と維新軍で勝ち抜き方式の5vs5綱引きマッチ（蔵前国技館）。猪木は大将戦で長州と一騎打ちし卍固めでレフェリー・ストップ勝ち。

6月14日 第2回IWGP決勝戦のホーガンvs猪木（蔵前国技館）の再々延長戦に長州が乱入。猪木はリングアウト勝ちしたが、不透明決着に怒った観客が大暴動。入場口の大時計の針を外し、「猪木vsホーガン」の横書き看板は真ん中から真っ二つに割られてブラさがった。いったんはけた猪木はこの混乱にスーツ姿で再びリングに上がったが何も話さず手を振るだけだった。結局、謝罪のマイクをしたのは坂口、田中ケロリングアナ、藤原ら。暴徒化した観衆が蔵前国技館内と前庭で集会を開くまでに至り、蔵前警察署から駆けつけた警察が鎮圧した。

8月2日 蔵前国技館における最後のプロレス興行で長州と一騎打ち。「プロレス大賞」ベストバウトに選ばれたほどの名勝負は、猪木がグラウンド・コブラツイストで有終の美を飾った。なお、当初のメイン・カードの予定は猪木vsデビット・シュルツ戦だった。

9月21日 長州ら維新軍（のちのジャパン・プロレス勢）の新日本からの大量離脱が発覚。猪木は5日後に会見で「すっきり清掃ができた」と強がった。

1985

2月6日 大阪府立体育会館でキングコング・バンディと1万5000ドルを賭けたボディスラム・マッチ。試合は猪木がフォール勝ちするも、ボディスラムで投げられ賞金は失う。

4月18日 新日本の両国国技館初使用大会で全日本から移籍してきたブルーザー・ブロディと一騎打ち。両者リングアウトに。珍しくブロディの膝からの流血があり、これを不正なヤラセとして雑誌『噂の眞相』が記事に取り上げた。猪木vsブロディ戦はドル箱カードとなり、翌年の60分時間切れ引き分けを含め、計7戦で猪木の1勝2敗4引き分け。勝敗はいずれも反則絡みで完全決着はなかった。

9月19日 東京体育館で藤波と一騎打ち。8分近くにわたる足4の字固めの攻防が有名。最後は猪木が卍固めを決めたが、レフェリーのルー・テーズが「クラシカルな攻防の名勝負」と絶賛した。

12月12日 「'85ＩＷＧＰタッグリーグ戦」決勝（宮城県スポーツセンター）の場である仙台へ向かう新幹線からブロディとジミー・スヌーカが発車寸前で降車し、試合をボイコット。予定される試合結果に不満を募らせたのが原因とされるが、報告を受けた猪木は「追う必要はない。好きにさせとけ！」と吐き捨てたとされる。代替カードとなった決勝戦の猪木＆坂口vs藤波＆木村健悟戦では、猪木が藤波のドラゴン・スープレックスにフォール負け。テレビ解説だった故・桜井康雄氏も藤波の師匠超えに目に涙を浮かべた。

1986

2月6日 同年より新日本参戦となったＵＷＦ軍団の藤原と一騎打ち（両国国技館）。裸絞めで下したが、試合直後に前田日明が乱入し猪木にハイキック一閃。前田によれば、これは事前に猪木から「蹴ってくるよう」指示されていたという。

3月26日 東京体育館でＵＷＦ軍団と新日本では初めての（5vs5）イリミネーション・マッチ。最後は猪木が髙田延彦（当時・伸彦）、木戸修を連破し、1人残りで勝利した。当初は「猪木vs前田」「藤波vs藤原」の2大カードが予定されていた。

5月21日 写真週刊誌『フォーカス』に3日前の試合後に女性を同伴している写真を撮られ、この日、猪木は坊主頭で登場。「男のケジメで坊主にしました」とキッパリ。「ブリッジなんて、このほうがやりやすいんだよ」と、らしく前向きに語った。

6月17日 ＩＷＧＰのリーグ戦でアンドレ・ザ・ジャイアントと公式戦（愛知県体育館）。腕固めでアンドレから世界初のギブアップ勝ち。「俺自身、信じられない。興奮している」と試合後に語ったほどの歴史的快挙だった。なお、これが両雄の最後のシングル戦となった。

10月9日 デビュー25周年記念興行「ＩＮＯＫＩ闘魂ＬＩＶＥ」（両国国技館）で元ＷＢＡ・ＷＢＣ統一世界ヘビー級王者のレオン・スピンクスと対戦。84年9月のアノアロ・アティサノエ戦以来、約3年ぶりの異種格闘技戦だったが、途中までボクシング・グローブで闘い、最後は5カウントによるフォール勝ちと釈然としない内容に。同日、前田日明がドン・中矢・ニールセンと名勝負を展開しただけに、猪木の陰りを感じさせる一戦となった。

１９８７

3月26日 デビュー25周年興行第2弾「ＩＮＯＫＩ闘魂ＬＩＶＥパートⅡ」（大阪城ホール）のメイン、猪木vsマサ斎藤戦に海賊男が乱入。猪木反則負けの不透明決着に観客が大暴動。「金返せ」コールに加え、当時全日本所属の「輪島」コールまで起きると、猪木は「叫んでるヤツ、ぶっ殺してやる！」と激高し控室を飛び出すも、坂口や若手がそれを必死に阻止。機動隊、警察の出動でようやく鎮静化した。

10月2日 倍賞美津子夫人と離婚。しばらくは芸能マスコミに追いかけられることになり、その分、プロレスマスコミには「普段は敵だと思っていたけど、急に味方に見えてきた」とジョークを飛ばした。

10月4日 巌流島に特設リングを建てマサ斎藤と無観客試合。２時間5分14秒の死闘は裸絞めで猪木がＴＫＯ勝ち。日本マット史上最長の試合だが、試合開始の合図から２人が手合わせするまで30分以上かかっている。

12月27日 「イヤーエンドイン国技館」において、ＴＰＧ（たけしプロレス軍団）のリング登場からの強引なカード変更と、ふがいない猪木のファイトに観客が暴徒化。リングに再登場した猪木の「今日はありがとう」という見当違いのマイクも観客の怒りに油を注ぎ、椅子57席が壊され約３００万円の損害が出る大暴動事件に。この４カ月後、『ワールドプロレスリング』はゴールデン中継を外れ、土曜夕方４時からの放送となった。

１９８８

7月22日 ＩＷＧＰ王座挑戦者決定リーグ戦で長州と激突（札幌中島体育センター）。ジャーマン・スープレックスを見せるなど奮闘したが、直後に延髄へのラリアットを食らいフォール負け。後進の日本人にシングルで初めてのフォール負けを喫した。

8月8日 挑戦者決定リーグ戦を勝ち抜き、藤波の持つＩＷＧＰ王座に挑戦。60分時間切れ引き分けとなった。当日午後7時半から「猪木、引退か？」と煽られながら生中継されるも、放映時間内に試合は終わらなかった。後日、土曜午後４時からの『ワールドプロレスリング』レギュラー枠で改めて放送された。なお、番組の最後に「旅姿六人衆」（サザンオールスターズ）が流れた。

１９８９

2月16日 ロサンゼルスで猪木と天龍源一郎の会談が実現。天龍の知り合いのツテによるものだったが内容は世間話レベルだったという。

2月22日 暴動が起きた87年12月27日の両国国技館大会でメインイベントの予定だった猪木vs長州戦を改めて両国国技館でマッチメイク。長州のラリアット6連発に敗れ、猪木は珍しく号泣した。

4月15日 2月に長州に負けたことで第1試合への出場を始めた猪木は、この日、デビューして9カ月の鈴木みのる（当時・実）と対戦。弓矢固めで一蹴したがマスコミの扱いは大きかった。鈴木の起用については「道場にふてぶてしいヤツがいる」と記者内で評判だったため。

4月24日 プロレス業界初の東京ドーム大会のメインイベントで、

ソ連の柔道家、ショータ・チョチョシビリと異種格闘技戦を行うも最後は裏投げでKO負け。異種格闘技戦で初の敗退となった。平日の月曜日の開催で、試合終了は午後10時47分とまさに手探りでの大会であったが5万3800人を動員した。

5月25日 大阪城ホールでショータ・チョチョシビリと再戦し、裏十字固めでリベンジ。直後の10月10日に政界進出を明言したため、猪木自身はこの試合を実質的な引退試合と語ることが多い。

6月20日 「スポーツ平和党」での参院選出馬表明と同時に再々婚を公表。お相手は元水産会社役員を父に持ち、法政大学卒業後にコンパニオン派遣会社に勤めていた戸倉尚美さん（当時・24）。発表にあたっての猪木のコメントは「写真誌も動き出したようで。宇野総理の件もあるし……」だった（第75代総理大臣・宇野宗佑は女性スキャンダルにより、わずか3カ月で退陣）。

7月23日 99万3989票を獲得し、見事参院選に当選。比例代表での出馬だったが最も票が伸びたのは札幌。意外にも首都圏では得票が伸び悩んだ。政党名を書かず、「猪木」と書いた無効票が続出したのだ。

10月14日 会津体育館における「民社党・滝沢幸助代議士を励ます会」で演説中、暴漢に短刀で襲われ後頭部を負傷。長さ6センチ、深さ2センチの傷を負う。なお、犯人は精神病院に入退院を繰り返していた39歳の無職男性。襲った理由は「有名になりたかった」だった。

12月31日 ソ連で7カ月ぶりにリング復帰（レーニン運動公園内ルジニキ室内競技場）。チョチョシビリと組み、マサ斎藤&ブラッド・レイガンズ組を下した。初めて観るプロレスと猪木の鮮やかな勝利に思わず踊り出すソ連人もいた。

1990

2月10日 東京ドーム大会で坂口征二と"最後の黄金タッグ"を結成。橋本真也&蝶野正洋組と対戦し、蝶野に延髄斬りで勝利。最後は初披露となる「1、2、3、ダー！」で締めた。

3月1日 尚美夫人との間に長男、一成くんが誕生。3124グラム。

9月30日 横浜アリーナで「アントニオ猪木30周年メモリアル・フェスティバル」を開催。往年のライバル、タイガー・ジェット・シンと組み、ビッグバン・ベイダー&アニマル浜口組を下す。

12月2～3日 イラク・バグダッドのサダム・アリーナにて「平和の祭典」を開催。この大会が日本人人質の解放へと繋がった。直後の声明で「1992年には南極で環境保全の大会を開きたい」と早くも次の目標を口にしている。帰国した成田空港には300名を超える報道陣が詰めかけた。

1991

1月5日 フロリダ州マイアミ沖、豪華客船ノルウェー号の船上にて尚美夫人との結婚式を行う。

2月7日 東京都知事選への出馬を正式発表。都政基本政策は「若者に、夢と情熱　中年に、ゆとりと生きがい　老年に、元気と安心　地球に、愛と思いやり」。前年暮れよりこの私案はあったのだが、自民党・小沢一郎幹事長（当時）に一笑に付されたことで、逆に出馬の気持ちを固めたとされる。

3月12日 都知事選不出馬を表明。福田赳夫元首相（実弟の宏一氏

は猪木の元後援会長）から「大道を歩め」と諭されたことが理由とされる。なお、後年、同年3月4日に東京・麹町の料亭で猪木、金丸信元副総理、小沢自民党幹事長（当時）、渡辺広康東京佐川急便社長（当時）同席のもと、猪木の約30億円の借金の一部を肩代わりすることで不出馬への手打ちが行われたことを、複数のメディアが報道している。

1992

1月4日　東京ドームで馳浩と一騎打ち。卍固めで下す。

2月25日　金丸信氏のお膝元である、山梨放送のインタビューで、金丸氏が前年3月4日に都知事選不出馬を打診したことを猪木が明言。

11月4日　東京国税局から議員歳費、新日本プロレスの役員報酬を差し押さえられる。税金1億56万7052円の滞納のため。

1993

5月3日　業界初の福岡ドーム大会で藤波と組み出陣。長州&天龍組を迎え撃ち、藤波が長州をグラウンド・コブラで下す。猪木はマイクで天龍との一騎打ちを宣言。天龍は「あれは勝った人の常套手段でしょ」とかわしたが、翌年には実現することになる。

5月17日　この日発売の『週刊現代』（5月29日号）に元公設第一秘書である佐藤久美子氏による猪木の脱税告発記事が掲載。以降5週にわたり猪木の疑惑を告発し続け、世間を巻き込んだ一大スキャンダルへと発展する。佐藤氏はこの3月に秘書を解雇されていた。

6月15日　佐藤久美子氏から公職選挙法違反、所得税法違反、詐欺罪により東京地検に告訴される。公職選挙法違反は、都知事選断念の背景には金丸氏、小沢氏、東京佐川急便の説得、猪木が東京佐川から借りていた13億5300万円の債務の免除があったとするもの。所得税法、及び詐欺罪は、92年3月の確定申告の際、猪木が91年度中にスポーツ平和党に150万円の寄付をしたかのように装い不正な還付金を受け取ったとするもの。同じく90年度には1000万円、92年度分は500万円を寄付したかのように見せかけたという。

6月30日　公職選挙法違反は不起訴処分に。ホテルオークラで一連のスキャンダルに対する釈明会見。しかし、「（税金）滞納ではなく、分割です」など、迷走気味で的を得ない発言が目立ち、事態の好転には至らなかった。また、同日、スポーツ平和党の党首を辞任。江本孟紀氏が代行となった。

1994

1月4日　東京ドームで天龍と一騎打ち。いったんは裸絞めで天龍を失神させるが、最後はパワーボムで敗れた。ただ、天龍の指の骨を2本折るなど、「勝負の厳しさは教えられたんじゃないかな」としていた。

2月24日　日本武道館大会に現れ、引退に向けてのカウントダウンを行うことを発表。

5月1日　引退カウントダウンの第1弾としてグレート・ムタと対戦（福岡ドーム）。裸絞めからの体固めで勝ったが、選手晩年の試合のなかでも苦闘した一戦で、武藤敬司は「猪木さんのペースにさせなかったムタの勝ちでしょ」と公言している。

8月24日　米プロレス団体WCWの大会（アイオワ州シーダー・ラ

ピッズ・ファイブ・シーズンズ・センター）に出場し、ロード・スティーブン・リーガルと対戦。裸絞めで勝利。

1995

4月28～29日 北朝鮮で「平和のための平壌国際体育文化祝典」を2日間にわたって開催。猪木は2日目にリック・フレアーと対戦し勝利。有料入場者数の少なさもあり興行自体は約2億円の赤字に。この金額は新日本からの持ち出しとなった。試合は19万人（両日計38万人）の観衆を大熱狂させる名勝負に。89年のチョチョシビリ戦と並び、猪木が「実質的な引退試合」とすることが多い一戦である。

5月3日 福岡ドームで北尾光司と組み、長州&天龍組と対戦。スーツ姿で入場も、脱ぐとタイツ姿という仕掛けで観客の心を掴み、試合も長州に裸絞めからの体固めで勝利。

7月23日 再選を目指しスポーツ平和党から参院選（比例代表）出馬も落選。得票数は前回当選時の約6割の54万1894票。

12月30日 大阪城ホールで「突然、卍固め～INOKI FESTIVAL」を開催。猪木は髙田延彦と組み、藤原喜明&山崎一夫組と3本勝負で対戦。勝利したが、2本目に山崎にフォールを取られており、猪木から最後に3カウントを奪ったのは山崎ということになる。

1996

1月4日 引退カウントダウンとしてベイダーと対戦。投げっぱなしジャーマンで瀕死状態に陥りながらも、最後は腕ひしぎ逆十字固めで勝利。棚橋弘至がすべてのプロレスのベストバウトに挙げる名勝負だった。

6月1日 アメリカのロサンゼルス・スポーツ・アリーナで「プロレス平和の祭典」を開催。ダン・スバーンと組んで藤原&オレッグ・タクタロフ組を下す。総合格闘技勃興をきわめて早く察知していた猪木だったが、PRIDEが産声をあげる前年のことであり、興行的には惨敗に終わった。

12月1日 『ファイティングTVサムライ』の開局記念イベントの一環として「INOKI FESTIVAL in 代々木」（国立代々木競技場第二体育館）を主催。猪木はメインで"海賊男"ザ・ガスパーを下した。

1998

4月4日 東京ドームで引退試合。挑戦者決定トーナメントを勝ち抜いたドン・フライを4分9秒、グラウンド・コブラで撃破。「卍固めを出したかったが、もうその余裕もなかった」と試合後は自らのレスラーとしての限界を素直に口にした。この引退試合は東京ドームにプロレス史上最高の7万人を動員した10億円興行とされ、その10億円が猪木への退職金代わりに充てられたといわれる。また、その場で自らの新団体「U.F.O.」の発足を宣言した。

10月24日 UFOの旗揚げ戦「TAKE OFF」を両国国技館で開催。小川直也vsドン・フライ戦をメインに全8試合が行われ、この模様は後日、TBSで深夜に録画中継された。

1999

1月4日 年頭恒例の新日本1・4東京ドーム大会で、小川直也が橋本を相手に〝セメント暴走〟し、無効試合に。大観衆の前で赤っ恥をかかされた橋本は、試合後、「絶対許さないよ。何がアントニオ猪木だ」と猪木を黒幕視し、激高。「負けたら即引退」試合、橋本の新日本退団にまで繋がる一戦となった。

6月24日　新日本プロレス第28回定時株主総会で藤波辰爾が新社長に就任。〝猪木の傀儡政権〟と陰口を叩かれたが、実際、この日の所信表明では「猪木イズムを追究して慎重かつ大胆に攻めたい」という言葉が新社長自身の口から出た。

2000

8月27日　西武ドームで行われた「PRIDE・10」からPRIDEのプロデューサーに正式就任。発表したのは今は亡き森下直人DSE社長（当時）だった。

10月28日　自称発明家の特許管理会社「サイエックス」代表であるT氏が詐欺容疑で逮捕。猪木は彼が発明したYTマグネットという磁石の力で「永久に回り続ける発電機」を信用し、T氏がすでに詐欺で逮捕されているにもかかわらず、翌11月にアメリカで特許の審査をするためにT氏の永久発電機を運び出したという。しかし、実用化は失敗に終わった。

12月31日　猪木プロデュースによる初の大晦日格闘技イベント「INOKI BOM-BA-YE」が大阪ドームで開催。DSEが全面協力したが、メインで髙田&武藤vsフライ&ケン・シャムロック戦が行われるなど、きわめてプロレス寄りの興行であった。

2001

2月18日　ホームレス姿で新日本両国国技館大会に現れ、「朝の10時45分に、マイク・タイソン側から参戦要望のFAXが入りました」と爆弾発言。しかし、後日、各誌紙の報道で、間に入ったのが「ロン・バートという、信頼できる超能力者」（猪木談）であることが明かされ、注目も下火に。タイソンは結局来日しなかった。

7月6日　北朝鮮から帰国した記者会見の場で「ピースライト」計画を発表。ソーラーシステムを用い、朝鮮半島を南北に分ける38度線上に照明を当てるという壮大な計画だったが、実現しなかった。

8月19日　K-1「アンディ・メモリアル2001」（さいたまスーパーアリーナ）で猪木軍vsK-1が開戦。藤田和之がミルコ・クロコップに敗れるなど猪木軍の1勝2敗に終わったが、以降、格闘技界を巻き込んだ動きを見せる。「プロ格」「純プロレス」という住み分けを示す言葉が定着し始める。

12月31日　初の地上波ゴールデン放送となった大晦日格闘技興行「INOKI BOM-BA-YE2001～猪木軍vsK-1全面対抗戦」がさいたまスーパーアリーナで開催（主催・TBS）。平均視聴率14・9パーセントと紅白歌合戦の裏で大健闘する一方で、ジェロム・レ・バンナから大金星を挙げた安田忠夫に対するギャラ未払いが翌年報じられた。

2002

2月1日　新日本プロレス北海道立総合体育センター大会のリング上で、前月、全日本に移籍した武藤や主要フロントらに怒りが爆発。戦力のダウンを案じるというよりは「武藤や馳がどうしようと、そんなことはどうでもいい。肝心要の新日本の心臓部、機密を持っていかれて指をくわえている、そんなヤツらは許せんぞ!」と、むしろ経理担当者などの移籍で会社内部の機密を持っていかれたことへの怒りを露にした。

3月12日 都内ホテルで猪木が推奨する永久発電機「INPⅣ」(イノキ・ナチュラル・パワーⅣ)の発表会が行われ、プロレスマスコミのみならず世界中の通信社が集結したが、「磁石を固定するボルトの付け忘れ」(関係者談)で動かず。「フリーメイソンから命が狙われないか心配だ」と発表直前に語っていた猪木も、この失態にはさすがに渋い表情だった。

5月31日 長州が新日本を退団。退団会見では、この年の4月1日に猪木の肝入りでオープンしたロス道場について、「あんなものに月1万ドル(約124万円)をかける必要がどこにあるんだ!」などと、猪木を次々に批判した。一方、猪木は、武藤やフロントが抜けた時の動揺ぶりとは打って変わって、「お金に困ったら、いつでも俺のところにいらっしゃい」と余裕の表情だった。

8月8日 UFOと日本テレビの共催で格闘技興行「LEGEND」開催(東京ドーム)。小川直也はもちろん、PRIDEを主戦場とするアントニオ・ホドリゴ・ノゲイラも登場したが、集客には苦戦し当日は「公式HPの該当部を印刷して行けば無料で試合が見れる」との噂も。実は日本の総合格闘技史上、初の生中継が行われた記念すべき大会だったが(19:00~21:24)、観客動員自体は2万8648人(主催者発表)。あまりのガラガラぶりにリングサイド席をプレスにあてがう処置もされた。

8月28日 国立競技場における初の格闘技イベント「Dynamite!」(主催TBS。大会運営DSE)に協力した猪木は、地上4000メートルの高さからスカイダイビングを敢行。

12月31日 大晦日格闘技興行「INOKI BOM-BA-YE 2002～猪木軍vsK-1vsPRIDE全面対抗戦完全決着」(さいたまスーパーアリーナ)が開催(主催・TBS)。猪木は御輿に乗って登場。スネ相撲を披露し野村沙知代に張り手を浴びせた。平均視聴率は16・7パーセントと前年より上昇し、ソフトとしての奪い合いが過熱することになる。

2003

1月13日 1月9日に自殺が報じられたDSE・森下直人社長について恒例の成田会見で哀悼の意を示すと同時に、「○○(人名)に殺されたんじゃないのか?」と疑念を口にした。

12月31日 K-1、PRIDEも独自に興行を開催したこの年の大晦日、猪木は興行会社ケイ・コンフィデンスと日本テレビ、読売テレビ主催による格闘技興行「INOKI BOM-BA-YE2003」を開催(神戸ウイングスタジアム)。しかし、興行内容、視聴率ともにK-1、PRIDEに惨敗。日本テレビとはこの年を含め3年間という大晦日格闘技興行の放送契約をしていたが、この年のみで契約は破棄された。ケイ・コンフィデンスには選手のギャラや交通費等、2億4000万円の未払い金が残った。猪木自身も〝年越し108ビンタ〟を希望してリング上に殺到した観客に向かって、「殺すぞ」といって大暴れするなど、後味の悪さだけが残った。

2004

6月23日　新日本第33回定時株主総会で草間政一氏が新社長に就任。もともと猪木事務所の経理面をチェックするために送り込まれた草間氏が新日本にも辣腕を振るうことに。任期は2年だったが、翌年に解任（本人がいうには辞任）されることになり、この任期の面、自らが債務保証した新日本の借入金（4億円とされる）の面から新日本や猪木との間にシコリを残した。

9月19日　北朝鮮・平壌で行われた「第1回国際武道競技大会」に、中邑真輔、成瀬昌由らを伴って参加。しかし当時の日朝関係悪化のなかで、猪木を団長とする「北朝鮮への高級ふぐ&松茸食べ放題ツアー」（1人あたりの費用約28万円）を兼ねていたことから、民族派団体が前月の8月中旬に新日本事務所前や猪木事務所の周囲で不謹慎さを指摘する街宣活動を行った。

2005

5月26日　新日本第34回定時株主総会で草間氏に代わり、猪木の義理の息子（当時）、サイモン・ケリー猪木氏が同社の新社長に。当時の一部メディアには「一銭の得にもならない『永久電池』に大金を注ぎ込める態勢を猪木氏が望んだため」という主旨の記事が掲載された。

11月14日　新日本本社で緊急記者会見が行われ、猪木がゲームソフト会社「ユークス」に自らが保有していた51・5パーセントの新日本の株式を売却したことが明らかに。猪木はオーナーから撤退し、新日本は以降、ユークスの子会社となった。

2006

6月26日　横浜赤レンガ倉庫における「猪木vsアリ戦30周年記念パーティ」の席上で、単発興行「INOKI　GENOME」（9月1日・日本武道館）の開催を発表。しかし、のちに日程が「10月5日に日本武道館」、さらに「11月24日に韓国で」と変更、結局実現には至らなかった。

2007

6月29日　IGFの旗揚げ戦「闘今BOM-BA-YE」を両国国技館で開催。公式HPの対戦カード欄に前日まで「COMING　SOON!」の文字が躍った同大会は、なんと全試合当日発表という異例のドタバタぶり。しかし、メインで行われたカート・アングルvsブロック・レスナー戦は極上の名勝負となった（アングル・ロックでアングルが勝利）。

2010

9月15日　平壌国際映画祭のため訪朝した猪木に親善勲章第1級が授与される。

10月20日　東京ドームホテルにおけるCR「アントニオ猪木という名のパチンコ機　道」の発表会見で「11月の7日には今まで研究してきたあるものがお披露目できるかと思います。電気を永久に貯める技術……」と話したが、100名以上のマスコミが詰めかけたにもかかわらず、この発言についてはほとんどスルーされ、実際、11月7日には何の発表もなかった。なお、12月3日発売の写真週刊誌『FLASH』（12月21日号）のインタビューでは「今回、キャパシタという技術が完成して、世界中からオファーが入ってきているんです」と発言したが、英語で蓄電器のことを一般的に「capaciter（キャパシタ）」ということがネットで数多く指摘された。

12月15日 FEGの主催する大晦日格闘技興行「Dynamite!!～勇気のチカラ2010～」（さいたまスーパーアリーナ）でエグゼクティブ・プロデューサーへの就任が発表される。「就任に関しては、格闘技団体側の反発もありましたが、格闘技全体の視聴率不振にあえぐTBS（放送局）の意向があったとされます」と関係者はコメントした。

2011

1月6日 腹痛を訴え、都内の病院に搬送されていたことが発覚。この日の会見では、胆石が見つかり内視鏡で除去手術したことを報告。「元気があれば胆石もできる！　この胆石を今度つくるIGFの2億円ベルトの飾りにしようと思っています」と、あくまで元気だった。

12月31日 IGFプロレスリング「イノキボンバイエ2012」（両国国技館）のメイン、小川直也vs藤田和之戦で、藤田が試合中から猪木への不信感を口にし、噛み合わぬ試合内容に。結局、藤田がレフェリー・ストップ勝ちしたが、試合後は「あんたがまた仕掛けたんかい？　おめぇの子供じゃねえんだよっ！　やりたきゃおめぇら2人でやってろ！」と猪木に激怒。猪木は強引に「1、2、3、ダー！」で締めるという謎めいた試合になった。

2012

12月1日 IGFのパキスタン遠征でアクラム・ペールワンらボロ一族の墓参りを行う。墓のあるラホール市内には猪木の訪問を歓迎するという内容の看板や横断幕が親族によって掲げられ、遺恨のない訪問となった。

2013

2月20日 猪木の古希を祝うパーティが東京・港区のホテルオークラ東京本館で行われ、藤波、藤原、佐山聡、小川はもちろん、前田、蝶野、ザ・コブラ（ジョージ高野）、棚橋、ハンセンが訪れる盛大な会となった。

7月21日 第23回参議院議員選挙で日本維新の会から出馬、比例区最多得票数となる35万6606票を集めて当選。18年ぶりに国政復帰を果たす。

2014

3月31日 イノキ・ゲノム・フェデレーション（IGF）代表取締役を退任。

8月24日 この日発売の『週刊新潮』に尚美夫人と離婚していたことと、元専属カメラマンの女性と親密な状態にあることが報じられる。

12月12日 8月の日本維新の会分党に際して「次世代の党」に参加、党国民運動局長と議院政策調査会長に就任していたが、この日、次世代の党を離党。

2015

1月8日 「日本を元気にする会」の設立と同時に同党に参加し、同党の最高顧問に就任。

1月21日 ノーベル平和賞受賞者、マララ・ユスフザイ氏とイギリスで面会。モハメド・アリ戦の記憶からマララさんの父親が以前から自分のファンだったと聞き、「マララさんは衛星放送でWWEを真剣に見ていたそうだが、私の試合の映像を見てから『どうも違う』『こちらのほうが真剣』と思ったそうです」と、帰国後、上機嫌で語った。

3月1日　カンボジア五輪委員会より、五輪親善大使に任命される。カンボジアオリンピック委員会理事長によれば「1992年に、猪木氏から柔道着と畳を贈呈してもらった」縁だったという。

4月1日　国会の参院予算委員会でUFOらしきものを見たとする体験談を披露し中谷元・防衛相と議論。14歳の時、移民先のブラジルで「地平線から光ったもの」を見たとしたうえで「考え方を変えれば、何かが領空侵犯していることになる」と指摘。中谷防衛省から「正体不明の場合によっては自衛隊のスクランブル（緊急発進）による目視もありえる」との答えを引き出した。

4月10日　品川区議会議員選挙に立候補している木村健悟の応援演説に登場（東京・目黒駅前）。「若者よ、選挙に行けよ、バカヤロー！」と檄を飛ばした。

5月5日　IGFの「GENOME33」（大阪府立体育会館）で挨拶。訪問先のキルギスから帰国して会場入りしたという猪木は、同国の民族衣装で現れた。

11月11日　参院予算委員会で文化相となった馳浩に、参議院議員として初質問。東京五輪の開催時期と暑さ対策につき、「アスリートが最高のパフォーマンスができるように設定したとあるが、地熱まで入れると45度もある。誰か走った人がいるのか？」と迫ると、馳は「与えられた環境、日程で、最高のパフォーマンスを発揮するような取り組みを推進していくことが必要だ」と模範的回答。猪木の心配はのちに札幌でのマラソン開催案として現実化したが、猪木自身、「どうも役所がつくったような感じがする。（馳には）自分の意見を聞かせてもらいたい」と答弁が終わったあとに苦言。国会での〝初対決〟に議場内から「延髄斬りだ」とやじが飛ぶと、猪木が笑いながら「卍固めも」と添えるリップサービスも。

11月18日　千葉県我孫子市議選で当選したプロレスラー・澤田敦士がこの日、会見。猪木から「お疲れ様。休んで（選挙活動の）疲れを取って」とねぎらわれたことと、無効票の中に「アントニオ猪木」と書かれたものがあったことも明かした。

12月24日　デイリースポーツの取材に応じ、翌年3月の『報道ステーション』降板が決まった古舘伊知郎アナウンサーに対して、「番組に縛られて、自分らしさを出せなかった部分もあると思う。我々古舘ファンからすれば、古舘節がもっと表に出てもらいたいと思うこともあった。よく勉強してたから政治家の素質はあるね」とエールを送った。

2016

2月26日　IGFの「GENOME35」（東京ドームシティホール）で挨拶。同月の2日に覚せい剤取締法違反（所持）の現行犯で逮捕された元プロ野球選手の清原和博にかこつけ、「昔、ラブ注入というのがあったけど、シャブ注入はやめましょう」と呼びかけた。

3月16日　フロリダ・マーリンズのイチロー外野手が春季キャンプ（フロリダ州ジュピター）で「IKEBA WAKAR USA」のロゴのTシャツで球場入り。「IKEBA」は大手家具店の「IKEA」を彷彿とさせるレタリングだったが、全体的には猪木の名言の引用で話題となった。

4月4日　IGFが新橋から銀座へと移転した新事務所で会見。

40年前、猪木vsアリ戦が行われた6月26日に中国マカオ大会「アントニオ猪木vsモハメド・アリ格闘技世界一決定戦40周年記念イノキ・アリ・ボンバイエ」を行うと発表。結局は未開催だった。

5月16日 モハメド・アリ戦を行った（76年）6月26日が日本記念日協会により「世界格闘技の日」に同月5日、登録されたことで、この日、IGF事務所で会見。「記念日制定を機に、格闘技界やプロレス界を再度盛り上げ、世界へ元気と平和のメッセージを発信したい」と話した。

5月29日 IGFのエディオンアリーナ大阪大会に初参戦し、タノムサク鳥羽を下した飯伏幸太に張り手を炸裂。「みんな出世するんだよ、気合を入れられると」と語った猪木に、「IGFに出た第一の目標を達成できました。これによって自分がプロレスラーとしてどれだけ上がっていくか楽しみ」と、飯伏も大喜びだった。

6月4日 前日に死去したモハメド・アリについて、この日、会見。「アリの結婚式に招待されると、ホテルで隠れていて後ろから飛びかかって首を絞められた。『お互いあれでよかったよな』といってきたので『オレもそう思うよ』って。『あんな怖い試合はなかったよ』ともいってくれた。アリとやったというと、外交関係者も姿勢を直す。アリとの闘いのおかげで人と違った政治、外交ができる」と故人を偲んだ。また、この日は喪に服し、赤ではなく黒のマフラー姿であった。

8月6日 東京・九重部屋で行われた元横綱・千代の富士（享年61）の通夜に出席。「最後も格好よかった。最後に会ったのは2カ月前だったかな」と親交のあった故人を偲んだ。

9月3日 IGFの「INOKI ALI 40周年記念東京大会」（東京ドームシティホール）に登場。「今日は歯を磨いてきました。歯ブラシを頼まないように、薬局に行って買ってきました」と挨拶。前月23日に起こった俳優の高畑裕太が歯ブラシをホテル従業員に部屋に届けさせ関係を迫った事件を揶揄した。

9月9日 IGFが「マカオ返還17周年記念事業 猪木vsアリ40周年マカオ大会」の概要を発表。青木真也や紫雷イオが参戦し、12月3日にマカオのスタジオシティホテル・イベントアリーナで行われる予定だったが未開催に。

9月18日 ロックバンド、氣志團のイベント「氣志團万博2016」（千葉・袖ヶ浦海浜公園）のオープニングに登場し、ボーカルの綾小路翔に張り手を炸裂。

10月28日 IGFが新ブランド「NEW」（Next Exciting Wrestling）の設立を発表。船木誠勝、鈴川真一、藤原喜明（相談役）が出席。小規模興行を中心とし、2年で50試合というコンセプトを明かしたが〝猪木離れ〟を強調する姿勢が気になる会見となった。

2017

2月20日 フリーの女性カメラマン・橋本田鶴子さんと、74歳の誕生日のこの日、4度目の結婚。猪木の肖像権、商標権、著作権管理をする猪木が社長を務めるマネジメント会社「コーラルゼット」の副社長で専属カメラマンだった。

2月21日 前日に74歳の誕生日を迎え、都内でパーティを開催。その席上でパキスタンのワーガで格闘技イベント「猪木世界平和プロジェクト『ファイト&ピース』イン パキスタン」を行うことを発表。6試合程度を予定し、参加選手としてボビー・ラシュリーの名を口にしたが実現せずに終わった。

4月5日　IGFの新ブランド「NEW」を旗揚げ（後楽園ホール）。メインでは鈴川真一がジョシュ・バーネットに惜敗も猪木は来場せず。

4月20日　藤波辰爾デビュー45周年ツアーの第1戦として行われたドラディションの後楽園ホール大会に来場。最後は「1，2、3、ダー！」で締めた。

5月25日　猪木がプロデュースする格闘技イベント「ISM」開催発表会見で、「IGFは整理する」と発言。「ISM」の収益でカール・ゴッチの墓を建てる計画も明らかにした。

6月2日　IGFが「NEW」の後楽園ホール大会でIGF存続を願う署名活動を開始。猪木が「IGFは整理する」と発言したことを受けてのもの。

6月29日　IGFの唯一の契約レスラーである鈴川真一が、ホテルオークラ東京でIGFからの退団を猪木に報告。

7月24日　自らプロデュースするイベント「プロレス・ISM」（後楽園ホール）で、トレーニング着姿ながら久々にリングに上がり、抽選で選ばれたファン10人にアキレス腱固めを披露。

8月11日　DeNAベイスターズのスペシャルイベント「勝祭2017」（横浜スタジアム）に登場。後藤武敏内野手に張り手を披露。球団カラーに合わせてか、ブルーのスーツ、マフラー姿だった。

10月21日　「格闘技・ISM」（両国国技館）で生前葬を敢行。リング上の白い棺桶に向かい、藤波、ハンセンが弔辞を述べ、藤原が般若心経を読み、10カウントゴングが鳴らされると、直後に猪木が「千の風になって」を歌いながら登場。札止め7000人の観客とともに、「1、2、3、ダー！」で締めた。

2018

1月9日　この日放送の『開運！なんでも鑑定団』（テレビ東京系）に出演。持参した力道山のガウンが400万円の評価額に。

4月4日　ホテルオークラ東京で引退20周年記念パーティが行われ、その席上で格闘イベント「INOKI ISM・3」（8月31日・大田区総合体育館）の開催を発表。日本vsブラジルの5vs5対抗戦を行うとし、それぞれの監督を藤原喜明、ヴァリッジ・イズマイウが務めることも明かされたが、7月12日に延期が発表された。

7月22日　14日に亡くなったマサ斎藤を偲ぶツイッターを更新。「マサくん、安らかに眠ってください。元気に旅立ったことと思います。（中略）語ればきりなくいろいろ思い出します」とツイート。巌流島決戦後、東京駅で皇族に遭遇した際、「開口一番『マサ斎藤さんはお元気ですか？』と聞かれてびっくりしました」と秘話を明かした。

9月7日　北朝鮮建国70年の祝賀行事に参加するため空路で平壌に到着。車椅子姿での訪朝となり、「腰の手術の影響」とコメント。

2019

2月19日　「ジャイアント馬場没後20年追善興行」（両国国技館）のオープニングセレモニーに登場。「元気があれば、送り人もできる」と挨拶後、「最後に（馬場さんから）来た手紙は『三途の川で待っている』と。挑戦を受けるべきかどうか。（リングに）上がると挑戦状を受けたことになる」とし、リング下で「1、2、3、ダー！」を絶叫した。

2月21日　参議院議員として無所属だったが、この日、国民民主党と自由党による国民会派入りを表明。これにより国民会派が野党第一党に。猪木は、「元気があれば、会派も組める」とコメント。

4月26日 ドラディションの後楽園ホール大会の最後にリング上で藤波とトークショー。坂口もゲスト出演し、この日がちょうど平成最後の金曜日であったこともあり『ワールドプロレスリング』の黄金時代を思わせる粋な揃い踏みとなった。

6月7日 〝熊殺し〟ウィリー・ウィリアムスがこの日、67歳で死去。猪木は「ウィリー選手との闘いは、新日本プロレスと空手の、互いの誇りをかけて臨んだ熱い闘いでした。今でもあの殺気あふれる蔵前国技館のリングを思い出します。闘いを離れゆっくりと休んでほしいと思います。さようなら、ありがとう、ウィリー・ウィリアムス」と追悼コメントを残した。

6月26日 参院選不出馬を明言していたなか、最後の国会出席。本会議後、記者団に「体調も壊し、元気を売る人間が元気を売れなくなってしまった」と不出馬の理由を語った。

8月27日 この日の未明に妻の田鶴子さんが亡くなっていたことを自身のツイッターで公表。「カメラマンとして私の写真を撮りながら、いつも献身的に接してくれました。今は感謝の言葉しかありません」とした。なお、死因は未公表。享年62。

9月2日 妻・田鶴子さんの逝去後、初の公の場となる株式会社モンテローザのキャンペーン発表会に出席。いつものように「元気ですかー!」と叫んだが、やや寂しげに「ちょっと元気がない」と付け加えた。

9月13日 この日放送のトークバラエティー『さんまのまんま』(関西テレビ系)に17年ぶりに出演。ホスト役のさんまと軽妙なトークを繰り広げ、張り手を見舞うシーンも。「政治家よりバラエティーのほうが向いてるかも」とご満悦だった。

9月15日 宮戸優光が自らのジム、スネークピットジャパン内にオープンした「〝ちゃんこ〟の台所」を訪問。報道陣に田鶴子さんのことを聞かれ涙する場面も。宮戸の湯豆腐が力道山の所属していた二所ノ関部屋の味と同じと聞き、「力道山の教えがレスリングではなく、味のほうで受け継がれた」と感心する場面もあった。

猪木伝説の真相
天才レスラーの生涯

2019年11月28日　第1刷発行

著　者　アントニオ猪木＋佐山 聡＋前田日明＋蝶野正洋＋天龍源一郎 ほか
発行人　蓮見清一
発行所　株式会社宝島社
〒102-8388　東京都千代田区一番町25番地
電話（営業）03-3234-4621
（編集）03-3239-0646
https://tkj.jp
印刷・製本　中央精版印刷株式会社

Printed in Japan
ISBN 978-4-299-00009-5

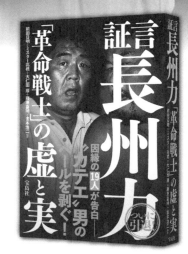

プロレス界 vs. 別冊宝島

スキャンダル15年戦争の全内幕

別冊宝島編集部　欠端大林

抗議、リーク、呼び出し、内容証明……

プロレス暴露本の壮絶な舞台裏！

専門誌が書かないマット界の裏ネタを報じた「別冊宝島」プロレス・スキャンダルシリーズの、知られざる舞台裏。プロレス氷河期に花開いた「暴露本」の歴史に見る業界裏面史がここにある！ 初めて明かされる「情報源」とスクープの内幕。プロレスファンの好奇心に応え続けた15年の総集編。

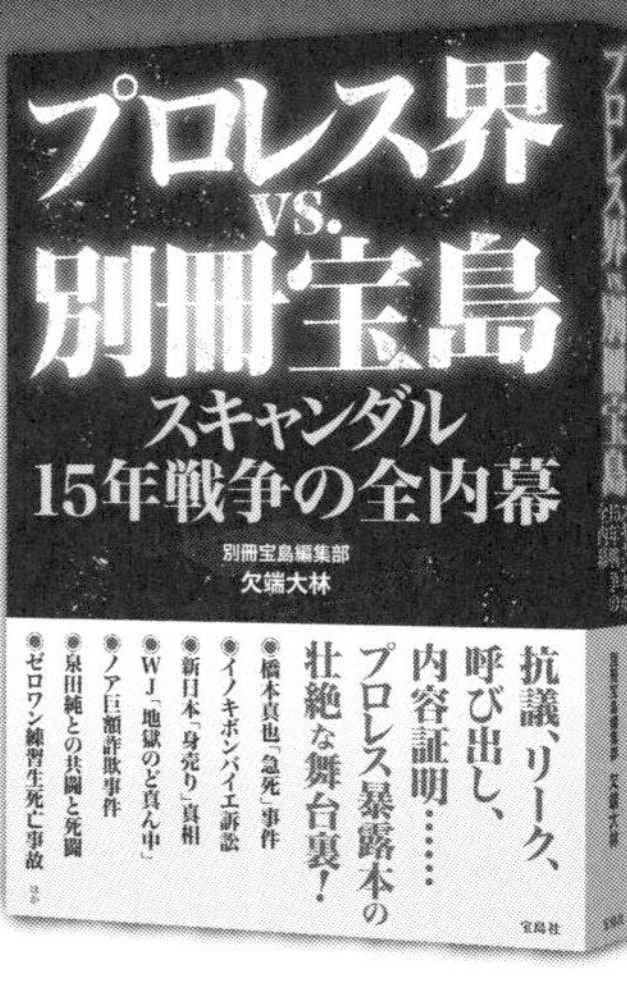

定価：本体1600円＋税　**好評発売中！**

宝島社　お求めは書店、公式直販サイト・宝島チャンネルで。　宝島社　検索